ata

moacir amâncio

ata

EDITORA RECORD
RIO DE JANEIRO • SÃO PAULO
2007

CIP-Brasil. Catalogação-na-fonte
Sindicato Nacional dos Editores de Livros, RJ.

A499a   Amâncio, Moacir
        Ata / Moacir Amâncio. – Rio de Janeiro:
        Record, 2007.

        ISBN 978-85-01-07538-3

        1. Poesia brasileira. I. Título.

                        CDD – 869.91
07-1071   CDU – 821.134.3(81)-1

Copyright © Moacir Amâncio, 2007

Direitos exclusivos desta edição reservados pela
EDITORA RECORD LTDA.
Rua Argentina 171 – Rio de Janeiro, RJ – 20921-380 – Tel.: 2585-2000

Impresso no Brasil

ISBN 978-85-01-07538-3

PEDIDOS PELO REEMBOLSO POSTAL
Caixa Postal 23.052
Rio de Janeiro, RJ – 20922-970

EDITORA AFILIADA

SUMÁRIO

Poesia nômade, Berta Waldman   7

Do objeto útil   25

Figuras na sala   93

O olho do canário   159

Colores siguientes   219

Contar a romã   257

Óbvio   339

At   431

Abrolhos   477

Índice   581

POESIA NÔMADE

O que marca imediatamente o lugar da poesia de Moacir Amâncio é o fato de ela ser multilíngüe. *Ata* reúne poemas em inglês, hebraico, português, espanhol, escritos diretamente nesses idiomas.[1] Essa predisposição a atravessar fronteiras, em Amâncio, não corresponde a um exílio geográfico, distanciando-se do conceito de "extraterritorialidade" de que trata George Steiner,[2] quando identifica um dos traços da modernidade no deslocamento geográfico. Neste caso, há o abandono da língua materna e o conseqüente refúgio em línguas estrangeiras, tornadas línguas de reterritorialização cultural.

Em relação à poesia de Amâncio, a questão é outra. O que precipita o multilingüismo na expressão poética não é o *exílio geográfico* ou a necessidade de adotar outro idioma de expressão, mas a opção por construir *territórios de enunciação*,[3] sintoma de uma propensão excêntrica que se naturaliza em formas simbólicas de exílio. Trata-se de um exercício poético em múltiplas línguas, espécie de translingüismo. Como entendê-lo? Por que a escolha *desses* idiomas? Se a opção pelo inglês poderia supor a busca deliberada de participação num campo literário global, a escolha do hebraico, língua de circulação restrita, caminha na contramão da primeira hipótese. Sabe-se que toda língua contém, articula e transmite uma carga única de experiência. Não se diz a mesma coisa em duas línguas distintas. Neste caso, o que move o poeta a transitar entre idiomas?

---

[1] *Ata* inclui os seguintes livros: *Do objeto útil, Figuras na sala, O olho do canário, Colores siguientes, Contar a romã, Óbvio, At, Abrolhos.*
[2] STEINER, George, *Extratearritorial. Ensaios sobre literatura e revolução lingüística*. Barcelona: Barral, 1973.
[3] A expressão é de Pablo Gasparini em texto inédito: "Riscos del castellano: el portugués en la poesía de Nestor Perlongher".

Antes de apresentar algumas hipóteses interpretativas para essas questões, é interessante mencionar outras experiências multilingüísticas na literatura, como a empreendida por um escritor da envergadura de Samuel Beckett, que se distancia de sua língua materna e usa o idioma francês como outra língua de expressão literária, sem que isso significasse sua transformação em cidadão francês. O escritor quis se afastar das associações e mecanismos automáticos que sobrecarregam o uso da língua natural[4] e, para isso, usou um atalho artificial como ponte para chegar ao seu idioma — o inglês, via tradução do francês. O inglês despersonalizado, essa era sua meta, deveria ser "filtrado" ou "desaprendido" pela intervenção de uma língua estrangeira. Beckett alcança a extraterritorialidade por uma via singularmente tortuosa: escrevendo primeiro num idioma alheio para, em seguida, ao se traduzir (sem se retraduzir de volta) na sua estranhada língua natal, criar um original às avessas.[5]

Outros escritores foram multilíngües por razões políticas. É o caso de Vladimir Nabokov, que escreveu em russo, francês e inglês, ou Jorge Luis Borges, que escreveu em espanhol e inglês, traduzindo, nos dois casos, a revolta de espíritos cosmopolitas contra as barreiras artificiais que o nacionalismo e o etnocentrismo tentavam impor à experiência literária. Nesses casos o multilingüismo atua como forma de contaminação de uma cultura local por elementos contrabandeados de outras culturas. Menciono ainda o poeta argentino Juan Gelman que, além dos heterônimos que assinam vários poemas, desdobra sua voz poética em ladino, língua utilizada pelos judeus na Espanha do século XVI. A utilização de uma língua desconhecida obriga Gelman a concentrar nos poemas de *dibaxu* — esse o título de seu livro no idioma mencionado — toda a carga de um lirismo estranhado, e a guiar o leitor por um mundo de formas, sons e texturas em constante movimento. Além de criar uma

---

[4] Veja-se, um fragmento do anexo 1 "Carta de Beckett a Axel Kaun, a 'Carta alemã' de 1937", a propósito do interesse em publicar a poesia de Joachim Ringelnatz em inglês: "Como não podemos eliminar a linguagem de uma vez por todas, /.../ [devemos]cavar nela um buraco atrás do outro, até que aquilo que está à espreita por trás — seja isto alguma coisa ou nada — comece a atravessar;" Ver Fábio de Souza Andrade, *Samuel Beckett: O silêncio possível*. São Paulo: Ateliê Editorial, 2001, p. 167.
[5] Cf. ASCHER, Nelson, "A língua exilada". *Folha de S. Paulo*, Caderno "Mais!", 09/04/2006.

distância em relação ao castelhano, o uso desse idioma judaico do exílio sela um momento profícuo (e, portanto, possível) do convívio entre cristãos, árabes e judeus. Num patamar puramente lingüístico, não podemos esquecer a lição de Vico, quando diz que "quem quiser ser poeta deve desaprender tudo de sua língua-mãe e voltar à pobreza primitiva das palavras...".[6] Ou a de Gadamer, em estudo sobre Paul Celan, quando afirma que "...o poeta precisa demolir a totalidade das palavras cotidianas, sílaba a sílaba. Ele tem de lutar contra a função desgastada e ordinária da linguagem, que acoberta e nivela tudo[...] para procurar a palavra verdadeira[...][7] como se fosse sua verdadeira pátria."

Não deixa de ser uma desaprendizagem a alternância que Moacir Amâncio pratica a cada passagem de um idioma a outro. Emparelhados, justapostos, os poemas exibem a mobilidade de sua voz, enquanto as palavras ressoam em eco, transformam-se em figuras e se dispersam, trombando com impedimentos de identificação de sentido sempre que se alinham em cadeias de palavras.[8] A propósito, veja-se, a rede de movimento entre idiomas e sentidos disparada a partir do título geral do livro *Ata*, que, em português, é substantivo e tem o sentido de "registro escrito, no qual se relata o que se passou numa sessão, convenção, congresso, etc.";[9] é também verbo — atar — no presente do indicativo, 3ª pessoa do singular, e imperativo afirmativo, 2ª pessoa; já em hebraico, "atá" (com a letra inicial *álef*) corresponde ao pronome pessoal masculino, 2ª pessoa (em português, "tu") e "atá" (com a letra inicial *ayin*) é advérbio de tempo, que corresponde a "agora", em português. O título dos poemas em inglês (*At*), em sintonia sonora com o título geral do volume, carreia outras relações: *at*, em inglês, é preposição indicativa de "lugar em" (*to be at*) e também "direção para" (*to look at*); por outro lado, *at*, em hebraico, é o pronome em segunda pessoa feminino ("tu"); o pronome, por sua

---

[6]Citado por Herbert Read, "Introduction". In *Surréalisme*. Londres: Faber, 1971, p. 77.
[7]GADAMER, Hans-Georg. *Quem sou eu, quem és tu?* [Trad. e apresentação Raquel Abi-Sâmara] Rio de Janeiro: Editora UERJ, 2005, p. 59.
[8]..."palavras e cadeias de palavras podem se desfazer e refazer em outras palavras e em outras cadeias. Nesse sentido a homonímia se dá como escrita que se presta a leituras várias, isto é, a diferentes segmentações, seqüências, pontuações." In: Cláudia Lemos, "Joyce com Lacan, Joyce mais Lacan, Joyce-Lacan" [inédito].
[9]Cf. *Novo Dicionário Básico da Língua Portuguesa*, Aurélio, p. 69.

vez, é grafado com a primeira letra do alfabeto hebraico *álef*, de forte presença na poesia de Amâncio. *At*, por seu lado, estabelece proximidade sonora com *az*, advérbio hebraico que indica uma pequena fração de tempo, "então", algo como um patamar de tempo que dura, sem passado nem futuro. Nesse circuito, "ata", com os sentidos múltiplos de "anotação", "movimento", "direção", "tu", "agora", "então", "amarrar" etc., entra e sai da cadeia lexical de um idioma e se encaixa em outra, criando um sistema de relações homônimas num movimento de aproximação entre idiomas distintos, mas também de distanciamento.

A partir do título, nota-se que o sujeito se oculta, resiste à figuração, para enfatizar a "coisa", o não-eu. Distante daquele que sabe e sente, daquele que se toma como alvo de expressão, esse "sujeito" está posto entre parênteses, apaga-se, sabe-se incerto, um ser de linguagem.[10] Em seu apagamento criam-se entendimentos mudos, alusivos. É a instância autoral que, ao escrever, apaga a possibilidade infinita do nada, do "vazio", do "deserto", imprimindo-lhe um limite, uma moldura, uma leitura do mundo através das palavras.[11] Mas quem senão o sujeito lírico institui o texto como espaço comum de trabalho ampliado pelo "tu" — o leitor, aliados ambos na experiência simultânea da construção poética?

O sujeito é um ponto de enunciação, de referência, lugar para o qual as linhas convergem ou do qual elas partem. Rimas, assonâncias e reiterações são pontes que criam movimento e direções. Sem incumbências referenciais diretas, o poema toma distância do sentido atribuído às palavras, para transformar-se, segundo o poeta norte-americano Karl Shapiro, em "não-palavras". Cito: "um poema é uma construção literária composta de 'não-palavras' que, tomando distância do sentido,

---

[10] A questão da dessubjetivação na lírica está em pauta desde os anos 90 do século XX. Ver Marjorie Perloff: "a pedra angular da estética da revista *Langage*, a saber, que a poesia é mais do que a verbalização direta do sentimento pessoal e/ou do que a declaração didática, que a poesia, longe de ser transparente, requer re-leitura em vez de leitura, pois ela é *News that Stays News*". In "Depois da poesia da linguagem: a inovação e seus descontentes teóricos". Revista *Literatura e Sociedade* (Departamento de Teoria Literária e Literatura Comparada), n. 8, 2005, p. 201.

[11] Deserto e dizer, em hebraico, apresentam a mesma disposição consonantal: *mdbr*. Essa relação é explorada na poesia de Amâncio. Ver, à guisa de exemplo, o poema "Areias", em "Textos do deserto". *Figuras na sala*, p. 129.

[POESIA NÔMADE]

alcançam por meio da prosódia um sentido-além-do-sentido."[12] Para o poeta, a prosódia refere-se não apenas ao ritmo poético como também às associações poéticas e às figuras de linguagem. Quanto ao "sentido-além-do-sentido" é o que resulta das combinações e princípios de conexão do texto poético, que desestabilizam o código lingüístico. Essa desestabilização, no caso de Amâncio, aponta diretamente para a ambigüidade, onde os sentidos se multiplicam. Diante da rede de homônimos apontada, por exemplo, a partir do título do livro, como definir o que está em jogo entre palavra e silêncio, entre um sentido e outro? O que a ambivalência expressa é a disposição para aceitar o *outro* sentido, seja lá qual for. Onde encontrar a matriz da ambivalência que rege a poesia do autor? Uma resposta possível seria escorá-la na afirmação de Susan Handelman para quem a ambivalência "é o legado que Moisés deixou ao povo judeu."[13] A autora refere-se à Bíblia Hebraica e observa que o texto revelado contém uma verdade, porém não absoluta, já que se ancora em implícitos que demandam a interpretação permanente. Essa a forte marca diferencial do judaísmo. Cada passo interpretativo produz mais interpretação. Entre o que revela e o que vela, a linguagem bíblica protagoniza o drama em que se debate a verdade e sua suspensão.

Se a ambigüidade é um traço da linguagem em geral, no hebraico ela começa na impossibilidade estrutural de a palavra constituir uma unidade, diferente da maioria das línguas em que a ambivalência se dá na "operação significante" ou na ressonância de uma palavra na outra.[14] Língua consonantal ramificada a partir de radicais, o seu modo de operar se faz pela formação de palavras que se desdobram em múltiplos sentidos pa-

---

[12]*Apud* Leo Spitzer, *Três poemas sobre o êxtase*. Trad. Samuel Titan Jr. São Paulo: Cosac&Naify, 2003, pp. 35-36.
[13]Citado em Zygmunt Bauman, *Modernidade e ambivalência*. Rio de Janeiro: Zahar, 1999. Susan Handelman afirma que a única coisa que Deus deu aos judeus, através de Moisés, foi um texto de sentidos inesgotáveis para interpretação. Assim, o grande imperativo de Israel e o segredo de sua história residiriam na interpretação. Mas se o texto bíblico por ser elíptico e ambivalente pede interpretação, o dado de não conter a verdade absoluta, por sua ambigüidade, não fecha a interpretação que deve prosseguir atuante. Assim, o conhecimento da ambivalência e a capacidade de convívio com esse conhecimento seriam, segundo a autora, a dádiva de Deus ao povo judeu. Em última instância, não dá para sair do texto.
[14]Entendo como "operação significante" o estabelecimento do termo na frase: por exemplo: ata (verbo) ou ata (substantivo)?

ralelos do mesmo leque semântico, mas também de sentidos contrários, sem falar dos cognatos fonéticos. Por outro lado, por ser uma língua consonantal, as palavras podem ser lidas de diferentes maneiras, inclusive com sentidos antagônicos, "palavras terremoto", como diz o poeta:

> *Porém não se trata de algo imóvel, é uma palavra terremoto.*[15]

É o próprio autor que alude à língua hebraica, em meio a uma digressão sobre a linguagem:

> *Todo idioma tem momentos de fala própria, não se refere ao uso que dele faz este ou aquele escritor. Refere-se ao cristal de uma palavra, exemplo, capaz de resumir o sol ou coisas mais graves. Dvr, davar, ônix do hebraico.*
> *Ninguém acredite seja o bicho uma onomatopéia, essa incompletude em exercício, perífrase espiralada. Pois d(a)v(a)r, palavra, também quer dizer coisa. Porém não se trata de algo imóvel, é uma palavra terremoto. Entre outras significa relacionar (convergência para o logos), guiar, mostrar o neelam escondido, sujeitar e, magma originário, destruir.*
> *(...) O mesmo verbo que ordena e cria, destrói— d(e)v(e)r, pestilência.*[16]

A incorporação esporádica de termos em hebraico na poesia de Amâncio indicia desde o início de sua produção a importância desse idioma em sua poética. A mobilidade e a concomitância dos sentidos (por exemplo, grafa-se dvr; lê-se davar/dever) são deflagradores da ambigüidade. A presença desse idioma amplia-se com a publicação de um livro, que compõe o conjunto — Kelipot batsal (em português, *Cascas de cebola*), imagem recorrente na poesia de Amâncio. As cascas transparentes da cebola sobrepostas ao mesmo tempo que revelam, escondem, além de quebrarem a seqüência linear. A cebola contém um mistério, diz o poema:

---

[15] AMÂNCIO, Moacir. *O olho do canário*, p. 177.
[16] *O olho do canário*, pp. 176-177.

habatsal hu
min tapuah adamá

iesh lô shemesh
betohô

i efshar
limtsô otô[17]

A cebola não é uma batata, ainda que ambas guardem alguma semelhança. Ela contém um ponto que não se atinge, embora se saiba de sua recôndita existência. Como se sabe se não há evidência? É seu limite de tangibilidade que oferece resistência e torna opaco o conteúdo (pequeno sol). A cebola não pode ser capturada pela palavra. Imaginando-se uma linha vertical que une o astro sol e o pequeno sol mantido na terra, no espaço entre um e outro (entre o céu e a terra?) transcorre a vida em movimento que se vai adensando como as cascas arqueológicas das cebolas que se substituem, evidenciando/obnubilando as coisas, à medida que expostas ao foco de luz do sol ou submersas na sombra.

Como a escrita do hebraico é consonantal, para evitar níveis de ambigüidade é hábito que a poesia se publique com os sinais diacríticos da vocalização. Mas Amâncio optou por não incluir esses sinais, incrementando ainda mais a ambivalência. No título do livro, por exemplo, *batsal* (em português, cebola), poderia se ler *batsel* (em português, na sombra), hipótese, em princípio, preterida pelo primeiro termo (*Kelipot*, em português, "cascas de"); já o substantivo *tsel* (em português, sombra) aparece com freqüência no livro, formando oposição à luz do sol (*shemesh*). Como se vê, a referência à oposição claro/escuro, luz/sombra é constante na poesia de Amâncio:

> *light and darkness — they are not two sides of the same coin, they are the logical play of colors — the difference between both of them is that one can be seen — you see the red carnation — as the other cannot be seen, you see only the product of dark explosion*[18]

---

[17]Parafraseando: o poema distingue a cebola da batata e indica que a primeira contém um pequeno sol inatingível.
[18]AMÂNCIO, Moacir, *At*, p. 450.

[ATA]

É certo, porém, que a vocalização supõe a escolha de *uma* leitura, o que é sempre uma perda, pois limita as virtualidades lexicais contidas na grafia consonantal. O poema "Álef" alude ao binômio escrita e fala, em que a oralidade se sustenta na vocalização, lufada de ar que atravessa a grafia consonantal.

Álef

1

Segundo Spinoza,
lentes fabricante
a vogal permite
o fazer a fala
sendo a alma dela.
Ou como entender
a matéria simples,
LF só rocha.

2

Reconhecer nele,
cristal, a passagem
da luz que permite a
leitura da frase
única e final
quando sob o sol
ou na mão fechada a
paleta do sopro.[19]

---

[19] AMÂNCIO, Moacir, *Contar a romã*, p. 324. Ver também o poema "Words and characters": a is not aleph/put both in the throat,/on the paper/to realize the differences/because is something of a change in the air,/something of a corner in the wind,/a chance;/ and aleph, the first, a spider,/it comes out of the blue/and reproduces a fetus performing/on the head of the bull/whose hooves carve/the time put in the form/of an orange on the tray.

[Poesia nômade]

O poema dialoga em primeira instância com a Cabalá, mas também, se se quiser uma referência mais próxima do leitor brasileiro, com o conhecido conto de Jorge Luis Borges "El Aleph", em que a primeira letra do alfabeto é apresentada como um ponto no espaço que contém todos os pontos — microcosmo de alquimistas e cabalistas, materialização do *multum in parvo*, o infinito no finito, o muito em pouco, sendo que ambos — conto e poema — partilham o mesmo propósito metalingüístico de transformar seus textos em um "álef", isto é, um ponto tensionado agregador de sentidos, para além de sobreposições e transparências. Como o olho vê o simultâneo enquanto a linguagem se estira na sucessão, o exercício da escrita criativa é tentar inscrever o ponto "álef" no coração do texto, subvertendo a orientação desses movimentos. Na poesia de Amâncio, trazer à tona a ambigüidade de leituras múltiplas e remissíveis, todas elas viáveis e entrelaçadas, forja uma rede em que se consagram diferentes opostos simultaneamente. Neste caso, não será o idioma hebraico uma das bases da poética que sustenta essa poesia polivalente? Estudioso desse idioma e também do Talmud, Moacir Amâncio incorpora a estrutura de ambos lançando-os como o ponto zero de sua poesia. Esses lugares albergam o grau máximo de hermetismo (a poesia em hebraico é opaca para quem desconhece o idioma) e o nó da multiplicidade de sentidos (o hebraico propicia a proliferação de sentidos e assim também a leitura talmúdica da Torá). Além de o poeta buscar outras sonoridades que possam acolher um determinado dizer, o translingüismo sinaliza também a diáspora judaica, em que os judeus, contingencialmente multilíngües, não abandonaram o idioma que vincava sua identidade — o hebraico —, idioma sagrado em que foi escrita a Bíblia, em que se desenvolveu a liturgia e a criação literária, idioma que, depois de séculos, voltou a ser falado, tornando-se um idioma nacional. O "cristal" multifacético, imagem recorrente na poesia de Amâncio, torna-se visível sob a luz: *crystals come to reality/only when/someone's hand/puts them under light.*[20] Essa imagem aplica-se tanto à linguagem em geral, à linguagem poética em particular, como a todas as coisas que

---
[20] AMÂNCIO Moacir, *At*, p. 445.

só se tornam reais quando entram no arco de visão do sujeito e, uma vez destacadas, passam, submetidas a uma certa ordenação, a compor uma cena — o poema. Mas a visão não abrange todas as faces do cristal, há sempre uma perda, um resto inapreensível. É exatamente a marca da incompletude que pode ser vista na farta abrangência de uma página do Talmud (comentário oral do texto bíblico)[21]: um eixo central e ao seu redor diversos comentários, de diferentes épocas e em diferentes desenhos de letra: está instalado o debate. Essa página instaura uma cena provocadora, onde o leitor é captado como testemunha. A própria página figura, por um lado, a filiação oral da obra, em que o texto comentado nasce da palavra viva, endereçada do mestre ao discípulo que, por sua vez, vira mestre e transmite adiante. Mas também na página vislumbramos o modo de construção da obra talmúdica, em grandes ondas ou camadas textuais.[22] O comentário renova-se e é infindável, justamente porque não se chega à interpretação definitiva. Não será essa imagem a deflagradora de tantas similares? O poema "arestas três"[23] indicia um caminho para trás que, segundo minha leitura, a poesia de Amâncio propõe. Escrito em português, hebraico, inglês, incluindo termos do francês, italiano, espanhol e latim, o poema, cristal multiprismático, alude, de três formas distintas, à passagem do vidro a líqüido:

---

[21]Cf. GAMA, Luciana, "A poética da fronteira: hermenêutica e homilética na obra de Moacir Amâncio", em *Revista de Estudos Judaicos*. Belo Horizonte, Ano V, n. 5, 2003/2004, pp. 134-147, onde a autora relaciona a poesia de Moacir Amâncio à base do Talmud. Cf. Berta Waldman, "Comer a romã/Contar a romã", em *Entre passos e rastros: presença judaica na literatura brasileira contemporânea*. São Paulo: Perspectiva, 2003, pp. 158-169; "O ídiche e o hebraico na literatura brasileira contemporânea", em *Ato de presença: hineni (homenagem a Rifka Berezin)*. São Paulo: Associação Editorial Humanitas, 2005, pp. 39-54, onde se apresenta a poética de Amâncio tendo como guia o idioma hebraico. Cf. Moacir Amâncio, *O Talmud (Excertos)*. Tradução, estudos e notas Moacir Amâncio. São Paulo: Iluminuras, 1992, livro em que o poeta aborda diretamente o Talmud.

[22]Cf. WAJNBERG, Daisy, "A construção talmúdica" em *O gosto da glosa: Esaú e Jacó na tradição judaica*. São Paulo: Associação Editorial Humanitas, 2003, pp. 45-68. A descrição acima é da autora, p. 48.

É importante ressaltar que os escritos rabínicos pressupõem um total domínio da Bíblia, completa familiaridade com a observância judaica, e profundo conhecimento do sistema rabínico de lógica hermenêutica. O elaborado aparelho de comentários e referências cruzadas que, em si mesmo, exemplifica a crença de que a Torá era um interminável processo de interpretação que continuamente trazia à tona novas implicações. O Talmud divide-se em: *halahá* e *agadá*.

[23]AMÂNCIO, Moacir, em *Abrolhos*, pp. 556-557.

[POESIA NÔMADE]

> *trabalhar*
> *o vidro*
>
> *devolvê-lo*
>
> *intacto*
> *ao líquido*
> *(...)*

e finaliza num fluxo amplificado, estendendo o verso (líqüido?) interceptado por duas letras (*álef* e *ayn*) do alfabeto hebraico e pela palavra *interdictum* em latim. Ao final do caminho a palavra topa com o interdito, seu limite expressivo. Enquanto nomeia e designa, a palavra faz surgir, à sua sombra, a multiplicidade do que não tem nome. Situada entre o que diz e o que está implícito em seu dizer, a poesia de Amâncio procura expandir esse limite, inclusive testando o seu dizer em outros idiomas.

Dialogando com o poema em hebraico que tem por eixo a cebola, veja-se este poema em inglês:

> *This onion*
> *is quite different*
> *from all those on the table.*
>
> *Think of each*
> *onion*
> *as a collection*
> *of tongues.*
>
> *Each one*
> *over and under*
> *another one*
> *in an almost liquid*
> *agreement*
> *to make a fruit —*

[ATA]

> *each one proving*
> *the exclusive*
> *position*
> *of uniqueness*
>
> *to produce*
> *this phrase*
> *as an example of*
> *the impossibility*
> *to translate it*
>
> *into frozen solid marble,*
> *into hot air,*
> *into an orange.*
> *Each onion*
> *cannot be*
> *translated*
> *even into the same*
> *onion.*[24]

A estrutura da cebola aqui alude a um conjunto de idiomas em camadas (retoma a estrutura do Talmud), em *transparente ocultamento*.[25] Estrutura análoga encontra-se em *Abrolhos*, título de um dos livros que compõe o volume. Além de suscitar através da sonoridade a expressão "abre os olhos", o substantivo "anfíbio" nomeia uma planta rasteira e aplica-se também a rochedos pontiagudos, inseridos no mar, por comparação com o fruto da planta.[26] Assim, o substantivo evoca planta, terra, fruto e também mar, rochedo, solidez e transparência. Além disso, o olho

---

[24] Em *At*, pp. 435-436.
[25] A expressão é do poeta.
[26] Abrôlho. Contração da frase latina *aperi oculos* "abre os olhos" (advertência aos que segavam num terreno coberto desta planta, para que se resguardassem dos espinhos dos frutos dela. A frase passou a ser o nome da planta. Depois aplicou-se a rochedos pontiagudos, que se acham nos mares, por comparação com o fruto da planta. Ver Antenor Nascentes, *Dicionário Etimológico Resumido*. Rio de Janeiro: Instituto Nacional do Livro, 1966, p. 5.

[Poesia nômade]

da planta (seu fruto) tem o contraponto do "olho lunar"[27], aproxima pelo som a "bromélia", pela forma a "alcachofra"[28], e ambas evocam a imagem da cebola em folhas, desenhando um movimento que recusa a linearidade em nome de um tempo vertical, arqueológico e inconcluso.

Retomando o poema *this onion*, vê-se que ele traz à tona um exercício de conhecimento do mundo segundo o qual só se conhece cada coisa vista em sua concretude, na sua *uniqueness*. Ultrapassando o único estão as abstrações, os conceitos indesejados que obscurecem o objeto. Assim, cada cebola é única, mesmo que se repita no poema. *Batsal* e *onion*, por outro lado, não se traduzem, nem mesmo *onion* e *onion* se repetem, pois cada uma garante o seu lugar insubstituível no poema.[29] A reflexão contida no poema é metalingüística e aponta diretamente para a produção poética do autor.

O mundo contém aleatoriamente objetos, seres animados e inanimados. O poema seleciona-os e os organiza numa cena que não se repete. É possível conhecer *uma* rua, *uma* casa, *aquela* fruta, *esta* mesa. Mas traduzir essa experiência do conhecimento através da palavra poética implica driblar o fantasma das coisas e resistir para que não se transformem em abstrações. Entre a *maçã* na fruteira e a palavra *maçã* no poema há uma distância que instaura a "representação". No poema, as palavras se comportam de modo variável, não só adaptando-se às necessidades do ritmo, mas também abrindo-se em leque, adquirindo significados diversos conforme o tratamento que lhes dá o poeta que manipula uma linguagem figurada. Seu esforço para dizer a experiência do único se faz através da percepção viva e intensa dos sentidos, através da analogia, das substituições e transposições que estão na base da formação das imagens. Também o tempo corrobora com essa composição: o tempo do poema é o tempo de sua elocução (*agora*). A atenção do poeta ao instante, à materialidade dos objetos, cria cenas em que o olho funda uma paisagem que se descortina tanto no espaço fechado como aberto:

---
[27]Cf. *Abrolhos*, pp. 531-534.
[28]Cf. *Abrolhos*, pp. 531-534.
[29]Recorro a uma citação de Gilles Deleuze que pode ser esclarecedora: "on oppose donc généralité, comme généralité du particulier, et la répétition comme universalité du singulier". Aí a generalidade é dominada pelos signos da igualdade, em que cada termo pode ser substituído por outros. Só pode e deve ser repetido o insubstituível. Em *Différence et répétition*. Paris: PUF, 1972, p. 8.

[ATA]

> *Rotina que se quebra,*
> *chama que irrompe*
> *dentro da chama,*
> *ou apaga.*
>
> *Refletes*
> *um rastro*
> *e te*
> *dispersas.*[30]

Na composição das imagens que criam o real, o poeta enlaça sua percepção a uma linguagem concebida sob um relevo plástico e sonoro que se vincula à instantaneidade da visão. Entretanto, se o percurso do poeta passa literalmente por objetos, o olho que os registra, registra também o silêncio e o vazio das formas, configurando uma geografia própria ao olho que também olha o olho, ou como diz o poema, *dentro deste olho/ um outro espreita o branco*, incorporando espessura ao instantâneo, através de tensões, inquietudes e questionamentos radicais. Além disso, a direção do olhar se alterna: as "coisas" nos olham:

> *a chuva abre*
> *olhos de luz*[31]

No olho d'água há imagens desdobradas, tornando oblíquo o olhar:

> *translúcida/ prática/ de olhar/a lua/ no vidro* ou ainda:
>
> *o pássaro*
> *sabe*
> *o canto*
> *dentro*
> *do espaço*

---
[30] AMÂNCIO, Moacir, *Figuras na sala*, p. 156.
[31] AMÂNCIO, Moacir, *Abrolhos*, p. 560.

[Poesia nômade]

*o espaço
ou expansão
do olho
d'água
dentro
do
qual
o
céu*

*naufrágio
e
vau*[32]

 Outras marcas do presente no poema se dão através da incorporação de formas lingüísticas casuais (conversas, diálogos) trazidas para o poema à maneira de um *ready made*,[33] que problematizam o conceito de representação, já que as falas são transpostas do cotidiano ao poema. Essa problematização também ocorre no poema incluso na série "ice", em que um quadrado opaco (ou a face de um cubo?) se desenha no fundo branco do papel através da escrita em traço negro da palavra *ice* (gelo, em inglês). O efeito figurativo do objeto ao se traduzir "ice" para "gelo" torna-o transparente. O poema traz, assim, um progressivo desencontro entre o objeto visual e opaco que é o poema (a letra), o som da seqüência de letras e o seu correspondente significado enquanto palavra de uma língua para nós estrangeira. Acentua-se esse desencontro quando se observa que "ice" soa como "eyes" e ainda como "I see", trazendo à tona o olhar e invertendo a relação do leitor que vê/lê o poema, mas também é visto/lido por ele.[34]

---

[32] AMÂNCIO, Moacir, *Abrolhos*, p. 560.
[33] Exemplos dessa construção podem ser encontrados na poesia hebraica — *Kelipot batsal*, como na poesia em inglês. Por exemplo: "we will make good money," said Kertesz walking along the area,/etc.
[34] Devo muito da reflexão em torno do poema "ice" a Yara Frateschi Vieira.

[ATA]

Há um forte elemento intelectual na poesia de Amâncio que se transpõe em experiência e se traduz sensorialmente na capacidade de visualizar, ou de ouvir, ou de imaginar, oferecendo-nos um recorte cambiante do mundo que obriga o leitor a mudar de lugar. Também a unidade rítmica do verso é função de um sentido que o poeta quer sugerir e nela a *dissonância* entra muitas vezes como um componente que contribui com a construção da ambigüidade. À matemática de Escher presente no híbrido encontro entre peixe e pássaro lançados em linha infinita[35] corresponde um ritmo, em que o corte dos versos e seus acentos naturais não coincidem com uma marcação adicional que imprime outro andamento ao verso. É o que ocorre na série "Temperamentais"[36] onde o poeta evoca uma imagem no passado, mas ela salta para o presente através da passagem do tempo perfeito ao imperfeito para, mediante comparação, instalar-se no presente, mantendo-se, porém, lá/cá, no passado/presente:

> *Mas por que mudaste/ a cor*
> *dos/teus cabelos*
> *eram leves/tão/dourados*
> *que se faziam*
> *teia quando o vento/esperto*
> *brincava o sol*
> *espumando-o/pelo ar*
> *igual um gesto*
> *espouca na pedra/quebra*
> *e então esplende*

Os cabelos tão leves evocam mais uma teia, um labirinto, desenhos aéreos movidos pelo vento, que esbarram na pedra e esplendem sentidos do que propriamente uma figura humana, confundindo o leitor atento a um ponto, mas sendo conduzido a outro.

---
[35]Cf. *Abrolhos*, p. 501.
[36]Cf. *Abrolhos*, pp. 498-499.

[Poesia nômade]

Descentrada, precisa, complexa e rigorosamente programática, a poesia de Moacir Amâncio induz o leitor a construir seus sentidos a partir de uma simultânea relação de intimidade e estranhamento, lembrando-lhe que os sentidos não são unívocos. Por outro lado, quem quiser decifrar essa lírica hermética não pode ser apressado, deve manter-se empenhado em continuar ouvindo. Por isso mesmo, longe de esgotar os elementos que compõem esta poética, ofereço aqui um *horizonte interpretativo*, com a convicção de que há outras leituras e interpretações possíveis. Não considero, no entanto, precipitado afirmar que este livro inscreve Moacir Amâncio como uma voz particular entre os poetas de sua geração, e que sua escrita em situação de exílio traz "uma mudança de ar"[37] para a poesia brasileira.

Berta Waldman

---

[37] Retomo aqui as palavras de Paul Celan no discurso "O meridiano", onde o poeta define o que entende por poesia: "talvez signifique uma mudança de ar". In Hans Georg Gadamer, *Quem sou eu, quem és tu?* [tradução e apresentação de Raquel Abi-Sâmara] Rio de Janeiro: Ed. Uerj, 2005, p. 21.

DO OBJETO ÚTIL

[Do objeto útil]

O OLHO

o olho é o alvo
do que mira sem olhar

dentro deste olho
um outro espreita o branco

não se reproduz
não se repete

* * *

SÍSIFO

não ovo
a carga da pedra
é vazia
jóia que se abole
pelo escuro

precisa invenção
define
o breu entre
anjo e molusco

sem asa ou concha
arrasta
ausência de pedra
e peso

* * *

[Do objeto útil]

MITOLÓGICO

ao tentar dizer
desdigo o não dito

na ausência de pernas
cavalgo

existo centauro
nem raro nem mito

* * *

[ATA]

ULISSES 1

atravessar a rua
seca ou molhada
é apenas

não há aventura
só a morte na calçada

* * *

[Do objeto útil]

SIMBIOSES

gatos morcegos
silêncios feitos
             ar
anunciam pelas dobras
suspeitas
cintilações de escuro

      * * *

O BICHO E A DÚVIDA

1

de nada vale evitar o bote
embora o alvo seja
a branca imobilidade geral

2

de fora da fera dentro do ataque
o motor do ato impele ao gesto
absoluto

3

sobre a presa olhos à espera
da cor que os realize
da faca que libere

* * *

[Do objeto útil]

ULISSES 2

que mar
é esse
que singro e
me acompanha

paisagens
passam
sobre a
mesma face

e o vento
é a água que
me flui

não sou
        monstro
pelo que canto e
cego? —
por este mar
que singro
e me acompanha

    * * *

[ATA]

FÉRTEIS HORRORES

1

ossos insones
falam pelos olhos
no escuro:
construção de sombras
sombras de quê?

2

do relógio desprende
e flutua
a hora que abole

3

um toque
sem queimar
recoloca no espaço outra hipótese

* * *

[Do objeto útil]

PASSAGEM

a cadeira
obra e casualidade

desafia o sol no quintal

vem a sombra
ela encara o gris

depois
o
sol

e
triunfa

* * *

[ATA]

ELOAH

no que se abre tua amplitude
forma o céu entre portas
onde não ave
mas criatura possível
voas

* * *

[Do objeto útil]

PAISAGEM ABSOLUTA

o olho d'água do buriti
faz da verde planície
a sugestão do deserto

oásis estão prontos
e o projeto de labirinto
sem paredes
avança
embaixo dos pés

a areia
um dia se mostrará
como o osso
revelado pela ausência de carne
no ex

* * *

[ATA]

QUADRO DE ORLANDO MARCUCCI

rebelada sangria de cores
contra os ossos da sala

uma alusão negra vaza
o olho da fera

no campo retangular
adivinha-se o roxo

pela insensatez do vermelho
o castanho os lilases

e o sol
a paisagem qual ameaça

* * *

[Do objeto útil]

BEDUÍNO

esses olhos nunca viram a chuva
eles navegam o vento
devassam o absoluto
— a ausência de portos —
de dentro de um sopro

* * *

[ATA]

A ALQUIMIA DOS RATOS

miméticos
roem
a luz

de repente
caem
gordos — mortos?
de transparência

revelam-se
em ouro
e outros infinitos

* * *

[Do objeto útil]

e o líquido da voz pelas paredes
e a memória guardada na areia
e a garganta sem fim por onde vai

a não hora — aquela que é exata

* * *

[ATA]

A PROPÓSITO DO RETRATO DE ELIOT

Paletó e gravata (funcionário público?)
o poeta moderno
senta-se nos alfarrábios,
apóia o queixo no cabo do guarda-chuva
— como se o fizesse sobre um grito
dobrado em suas asas —
e cita: nunca mais.

* * *

[Do objeto útil]

ADVERBIAL

Protótipo do bípede a galinha
à falta de outra loisa bica o ar
— mecânica maneira da pergunta —,
enquanto o boi, parado: ele pensa
o ruminar das pedras, testemunhas
delas próprias, plurais mas unidade
de todas coisas mudas permanentes.

* * *

[ATA]

a forma das ondas
não é linha curva
música redonda

fazer desfazer
que a pele percebe
e grava e apaga

no mergulho
o que te recebe é vôo

água versão do vento
contra a pedra
movimento

* * *

[Do objeto útil]

como o raio
abre rios no céu
lavras um campo avaro

o papel
com tua escrita

colheita de relâmpagos

    * * *

[ATA]

          um fruto
que os pássaros ignoram
e os homens nunca viram

não há como adivinhá-lo
só nos resta colhê-lo

            * * *

[Do objeto útil]

GEOGRAFIA

à ana e ao josé maria

buriti dos olhos d'água
buriti dos olhos meus

sol silêncio
— geral
no torto do arbusto
desenho descaminho
da serpente pelo ar

nem há gesto mais claro
que a mão do buriti

rosáceas em verde azul
terra céu vasto cerrado

mar de solitude

* * *

[ATA]

FÊNIX

nó
sem fio
que puxar
e sair do labirinto

ao morrer
é o próprio ovo

solitária feito um sol

no seu fogo
infenso ao toque
os peixes do verbo

* * *

[Do objeto útil]

PAISAGEM SEM FIGURAS

eu me reparto: todos os possíveis
ainda que a máscara seja uma e só.
Viagem ao atrás dum olho cego.
Aqui nada matura nem conclui,
ninguém informa sobre permanência,
um saldo de memória ou existência.

* * *

[ATA]

Um morto, barco à deriva
já sem ponto de partida,
também livre de um final
que enfim começa outra frase
sem arriscar solução.

É feito ilha que ele vai
boiando em seu próprio tempo,
mar que quando se desata
não encrespa, água em ondas,
nem arrebenta represas.

De repente tudo fica
como se montasse guarda,
imóvel ao passar pastoso
mais pesado do que a vida,
impossível de barrar.

É peso da ausência de alma,
aquela mão que o prendia
ao corpo do qual liberto
esquece a forma da letra,
abole todas as pautas.

[Do objeto útil]

Ele exige o muito espaço
nesse desfluir redondo,
germinação do vazio,
fonte que não se rastreia,
sede que não se interroga

e não bebe, é absoluta.

* * *

[ATA]

DESENCONTRO DO POETA DANTAS MOTTA
OU O ANJO DE CAPOTE

> *"Sim, Monte Sião do País das*
> *Gerais (também Aiuruoca chamado),*
> *esquecida filha."*
>
> D.M.

As ruas se desconformam
no dobrar de asas do dia
e dos becos vem a noite
em ondas sobre a cidade.

A surdina de teu canto
aos poucos também se espalha
para revelar na sombra
tua eleição dos exílios
que são o mapa, a casa,
homens, teu mundo, Sião.

Eu te procuro nos bares,
mas mesmo a voz de teu filho
não faz eco aos versos úmidos,
veios de fertilidade
enquanto fértil possível
nas escarpas e lajedos
de uma Sião devastada
em teu peito sobrepondo
templos presentes perdidos.

[Do objeto útil]

Sem notícias de Sião,
n'Aiuruoca perdido,
vejo apenas se afastando
e aos poucos vão sumindo
chapéu, cigarro e capote

      * * *

[ATA]

OS MORTOS

Doem, os falhos enigmas,
não no vago corpo deles,
doem em nós, alguns leitores,
os esquecidos da língua
onde se guardam escritos.
Deveremos aprendê-la
— alfabeto e reconquista —
para soletrar iguais
dimensões de solidão?

* * *

[Do objeto útil]

A lembrança da cinza
destrói janela e porta.
O vento invade tudo,
varre cantos, as frestas,
assoalho, teto, ossos.
Deixa apenas metáforas.

* * *

[ATA]

Forma-se a fonte plural
em terra sem território
de onde se informa o presente
de águas à solta sem margens.

Larga fonte que vomita
e em golfadas ela engole,
passagem de águas paradas
no movimento de sempre.

Besouros bóiam e afundam,
aves mergulham no riso
coprófago das hienas
entre frutos, carne e anjos.

Palavras na espuma grossa,
caldo de betume, sal,
gesso e moluscos derivam
olhos vazios de estátuas.

Submersas sombras instalam
a solidez das montanhas
de onde se perdem nas águas
tons de lótus feitos som.

* * *

[Do objeto útil]

VAN GOGH

Este homem vem de um país
onde tudo fica exposto
como girassóis e lábios.
Mesmo ocultar-se, por lei,
é revelar no contrário
o excesso das florações
da terra semente cor.
O sol nunca se põe, lá,
horizonte a própria mão
abrindo-se em muitos rios
e raios que nos comungam
em líquida lucidez.

* * *

O CARACOL E A FLECHA

Ele se nega enquanto informe, pois
no deslizar suporta a leve concha,
exposta natureza do que passa
porém levando às costas o que é fixo.

Em forma de trombeta a fina casca
não secreta nenhum som sobre o tímpano
do solo, no contrário ela revolve
em eco certas notas: extravios.

Como podem os ogres digeri-lo
se no desenrolar-se ele mastiga
o tudo de si próprio e nada sobra?

Por acaso metáfora desmancha
dentro da casca fica apenas rastro
curva e reta — antiovo — arco e seta.

* * *

[Do objeto útil]

Vestígios do teu rosto inda persistem
e com eles eu tento recobrar
não todos os olhares, mas apenas
aquele que também perdeste, sim,
e sem saber no acaso descobrias
o mais completo de teu rosto à sombra
desta mão se estendendo no deserto
onde a memória livre de passado
revela o impossível que é presente.

* * *

[ATA]

OS FRUTOS

as cores estão prontas nesses frutos
expostos no pomar e no teu prato
como algo inevitável e sabido

todos são permitidos à tua fome
ou à urgência de neles encontrar
o vazio da semente que não guarda
virtude nem segredo nem pecado

frutos que apenas provam com seu nada
a estranheza perfeita dos vermelhos

* * *

[Do objeto útil]

De manhã, com as mãos sujas de sono,
lavo-me para assim entrar no dia
como se deixasse o quarto, prisão,
massa de barro e fogo onde se forja
o mesmo golem, que mais uma vez
descobrirá o sol e essas cadeiras.

Talvez o novo na aventura
entre os móveis, na rua, entre os cavalos
que a luz conforma e organiza,
esteja apenas no estender a mão
e mais uma vez descobrir as linhas
invisíveis, porém, que nos separam.

Pois nesses túneis de paredes vagas
ficam guardados pela noite adentro
os contornos e as massas
mostradas com rigor umas às outras
no mesmo horário natural,
embora o tempo não atue.

São os olhos dos cães, bocas de crianças,
o etcetera, a montanha
e você, também dada ao ir e vir.

* * *

[ATA]

Das nossas conversas de mitos
abrimos alguns canais, rios
navegáveis de mão a mão,
lisas geografias, acidentes,

alguns evitáveis por vôo,
outros exigentes demais
com suas figuras inéditas
nas escalas da geometria.

Porém reconhecíamos sempre
em cada pedra, vegetal,
em cada bicho indescritível
nossos espantos sem limites.

Nos peixes, metal de obsessão,
sentíamos passar a paisagem
que ao passar também nos levava
entre cantos, paredes, diques

erigidos à beira-mar
contra aves raras e golfinhos.
Não sabíamos exatamente
por que aves raras e golfinhos.

Como tampouco já sabíamos
das nossas conversas, os ritos
oficiados em tantos próprios
objetos, vocábulos, fontes

* * *

[DO OBJETO ÚTIL]

Dicionários são depósitos
de roupas velhas penduradas
à espera, sempre disponíveis
a qualquer um corpo — ou voz
a buscar sossego no fácil
ancoradouro, qualquer nuvem.

Novas palavras estão no ar.
Elas explodem, mas sutis
nunca se mostram, muito menos
desaparecem no repente
da novidade que é essência.
Pelo contrário permanecem
ali suspensas e à espreita.
São tantos fósforos de gelo.

Das bocas elas brotam sempre
embora as bocas nada saibam
desse existir já alheio, livre
tão preso quanto antes era
a inexistência, demolida,
de todos os possíveis.

* * *

[ATA]

OS EXEMPLOS DA CASA

Rio é permanecer — além do fluxo impõe-se a gota
sempre que cai e para lá retorna, ciclo de maravilhas.
Se a parede é fronteira, também o rio, imóvel
prende o passo, explica o vôo.

Paredes formam traçados contra alguma superfície.
Só artifício entre cantos, ângulos e janela.
De repente a saída nenhuma: estar solto num
espaço cujo sentido é a casa.

como a primeira cabana para negar a caverna,
tal a primeira roupa, que negou a nudez,
embora a caverna o habitar dentro da terra,
testemunhar os seus líquidos. E a nudez o
contrato mais simples de corpo e ar, de mistério
com mistérios.

Seguir atrás de outro passo, fronteiras,
para supor a destruição dos limites, a fuga
dos parênteses ou a unidade do caos.

Charada sem portas, janelas, sequer vigias,
com uma vela na mão e de novo perceber neste
jogo de inventar outra caixa do lado
onde um homem, um cão fazem o próprio.
Este rói o mesmo osso, aquele acende uma vela.

[Do objeto útil]

O estar na sala revela fatos primitivos que
impõem a necessidade do quadro na parede.
Nos livra a casa do espaço para ganharmos limite.
Nos livra o tempo do sempre para ganharmos
as horas. Mas ambas as invenções nem
sequer disfarçam os monstros. Uma nos engole vivos,
o outro nos come por dentro. A presença natural
do quadro Orlando Marcucci,
à direita de quem entra, abre a floresta
de feras. Cores no dentro-fora do caos sem
intenção de negá-lo. Afirmam-no do contrário,
trevas feitas de luz.

As linhas do labirinto, força e cores, se cruzam
no quadrilátero — nele Orlando Marcucci é Teseu
mais Minotauro. Não há começo nem fim. Relevos,
a perspectiva vêm não somente de um ponto,
expõem vários horizontes, configuram o flagrante.
Esse quadro, janela aberta para dentro do vazio,
abole as vagas três dimensões. Fica o jogo de
infinitos. É olhar a vertigem — à própria vista
ele foge e sempre outro se oculta na celebração do
espanto mítico, chama e cristal.

O estar e o entender da caixa sobre a mesa abrem
pistas variadas dentro fora da sala. Que mão
e que vontade conjuntas se moveram para ali
colocá-la, acidente e rotina. Inútil desmontá-la,
sabe-se que é oca, desse cheio supérfluo
mal-disfarçado em caixa. Deixá-la como está, à
espera de outra mão. Que não a salvará. Apenas

[ATA]

>vão abri-la uns dedos mais incautos, à espera
>do milagre na plana circunstância.
>
>Fim da parede, o muro, algumas ervas, quintal:
>a parca bolha de ar onde por vezes me instalo.
>Um útero, mas daqui não se renasce, basta
>ver o céu, a lua, o corpo em que permaneço
>entre o zumbido da mosca
>e o tremor da folha à chegada dos fantasmas.
>Eles se espalham, certezas íntimas,
>não falam, apenas cobram o peso de presença.

* * *

[Do objeto útil]

AVENTURA

Peito aberto a tantos ventos, quase vela todo o corpo,
um herói qualquer repetes dentro
do teu próprio quarto. A janela é um dragão,
na cama vês a quadriga — os cavalos vão no
teto, menos um que já cavalgas. Ganhas
todas as distâncias indo e vindo sem descanso,
feito argonauta e lusíada por mares de formicida
jorrando — são os lençóis, eternos brancos
e sujos, sobre os quais inda navega uma que outra
pulga esperta, vencedora da refrega.

* * *

DO OBJETO ÚTIL

O estar sentado define a cadeira, o cão
ao fugir nada explica por tabela.
Fica no ar o seu eco além da palavra e da
palavra cão, ao alcance da lua. Círculo em
redor do qual o latido é um pássaro.
Há sempre um sentido montado contra a vontade
da árvore. A palavra dado na garganta;
o cão ao latir se cala.

* * *

[Do objeto útil]

NOTÍCIA DE OUTONO, 1987, JERUSALÉM

O poeta está morto
e no entanto eu me levanto às seis e trinta da manhã
porque é hora.
O sol do fim de verão não perde tempo,
as folhas ainda brilham carregadas de frutos da noite rapidamente
comidos pelo vento.
O poeta está morto e eu leio o jornal onde anunciam
sua morte.
Cirrose?
Coração?
Tristeza?
Alguns morrem de alegria.
Foi o câncer? Um golpe de ar? Cansaço?
Diante do jornal tomo a xícara de café, pronto para o dia.
O dia também é uma fatalidade.
Imaginem, o poeta está morto apesar do barulho das crianças.
Elas brigam, brincam, gritam, pouco importa,
o entusiasmo é o mesmo.
Assim como é mesma a rotina desta manhã —
ou não seria rotina —
embora nela se estenda a sombra do poeta morto.
Morto, imóvel, impassível feito qualquer morto,
apesar do silêncio dos velhos,
apesar do riso sem-vergonha dos velhos.
Pregões pintando o ar.
Frutas, verduras, brinquedos.
Sempre se arranja algo pra vender que a vida urge.
O leite dos filhos nunca espera. A operação da
mulher, o carro,
a passagem de ônibus, o bilhete de loteria,

[ATA]

a camisa nova. A camisa nova.
Tudo pela hora da morte.
Ah, a morte pública do poeta.
Um automóvel, outro, mais outro, parece um rio.
Olhares bailam em saltos fluidos.
Ninguém anuncia o apocalipse.

* * *

[Do objeto útil]

A DECIFRAÇÃO DAS RUAS

A decifração das ruas com seus símbolos perfeitos e indiferentes
não apressa os meus passos; até porque não sou eu
quem na verdade caminha.
Os pés se enganam no falso do movimento, além de ignorar
sinais
no riso daqueles bichos.
Passam peixes e o vento cavalgado por um grifo.
Nós ficamos, vai o resto.
Também vem no ritmo de água, todos os conteúdos
para os quais não há
segredo.
Ela, a própria rua navega e nos decifra.
Éramos bem mais visíveis.

* * *

[ATA]

E, como se tivesses diante de ti uma palheta cósmica,
organizarás o teu mundo de espectros e de filtros,
biblicamente instaurando o mito da criação no caos cotidiano.
Assim, o domingo já não será um impreciso dia
mas o branco em que inicias a semana.
O branco, senhora, a solicitude em pessoa.
A segunda-feira vacilará entre o amarelo e tons pastéis
dessa ordem inaugural.
Sem bruscas rotações, portanto, da dúvida ao egoísmo.
A terça-feira se tingirá de vermelho ou de laranja
conforme o grau de umidade dos teus labirintos.
A quarta mergulhará em marinho e preto
de onde emergirás um tanto confusa. Desgraça pouca é bobagem.
Na quinta viajarás repentina do rosa ao verde —
o desequilíbrio natural te faz bem e rir é muito bom.
A sexta-feira, esta guardará o azul de sempre,
obrigando-te a dizer azul quando ias dizer surpresa.
Sábado, cansada de tantas cores,
descansarás na soma delas todas e te vestirás de sol.

* * *

[Do objeto útil]

entretanto não deve ser palavra boa para começar
nenhuma frase
longa ou curta
por isso ela está ali
com sua proposta escorregadia

sentido intermediário
bicho entre parênteses
vigia a frase de que não faz parte

* * *

ENSAIO

baudelaire mentiu
não há flores do mal

existe o céu
dálias
perfeitas como úlceras

e a eterna reivindicação de cores
das vogais

baudelaire —
francamente rimbaud
jantou

* * *

[Do objeto útil]

caminhar o mundo pelas ruas
sob uma chuva de idéias abstratas
bom programa para esta manhã de céu lavado
se não vierem de lá as borboletas
com seu vôo de amarelos e vermelhos

* * *

[ATA]

A junção das paredes forma um ângulo
sem beleza. Algum lixo se guarda
ali. Pedaços de papel, entulho
da variada e comum origem destas coisas —

intocada reserva do caos

* * *

[Do objeto útil]

a fruta na mesa cansa os olhos até apodrecer
tira a fruta
a mesa cansa os olhos
tira a mesa
a cadeira
a casa
feche a janela
mude a paisagem
mas tudo cansa
tira os olhos

* * *

[ATA]

o frasco guarda
a pergunta do sopro

cristal

substância do ar
e toque

* * *

[Do objeto útil]

BER SHEVA

cabras pastam os restos desse clima
entre dunas colinas sempre móveis

os beduínos e outros povos passam
no pesado invisível do deserto

o sol se impõe redondo contra o azul
e se desmancha o equívoco do azul

* * *

[ATA]

superfície
lâmina
exposta ao arado

do riscá-la
brotam cores

vai-se do machado
à navalha
unhas
e outros planos

até o estilo
para interstícios
e o olho
para o caracol

uma nebulosa em seu rastro

* * *

[Do objeto útil]

INSTANTES DO PITTORE

1

aplicar tinta à tela
é apagar
      um espelho
insustentável
exatidão

2

orlando marcucci
sofre
luz própria

ouro
de cornucópia

3

a cor
motivo da luz

o quadro
motivo da mão

espanto
entre o sol
e a tela

[ATA]

4

o rio dentro da sala
leva orlando marcucci
para margem nenhuma

borestes se desmancham
bastam cores e verdes —
a lua se faz triângulo

(um encaixe amarelo
no som do imperfeito
de brilho com sépia)

qualquer terra do caos
dentro de toda dúvida
é centro
           uma esfera

5

Marcucci carpe luminescências.

Entre uma e outra flagra
um passo na pele do ar.

A forma da marca se perde,
sempre sopra esse vento.

[Do objeto útil]

QUADRO DE CÉLIA EID

como se a harmonia
gerasse
a borrasca

raios
famintos
de azul
e de branco

sustentam
azul e branco

* * *

REALISMO

não há imaginação
no imaginário da vista
que wega nos descortina

existe apenas vertigem
como o mergulhar da flor
na direção da raiz

e da raiz até o magma
onde se guarda o flagrante
daquele primeiro sopro

por dentro da mão de artista
expondo alguns infinitos
no retângulo da tela

* * *

[DO OBJETO ÚTIL]

o cão
se decompõe
na sarjeta

dos ossos
o sol expõe
o óbvio

sem vestígio
um registro
um papel

absorve os borrões do branco

* * *

OS FRUTOS

notas vermelhas
amarelas
ocres

radicalmente musical

a mão
não rege
esse desconcerto

romã
pêra pêssego
maçã uvaia

um corte no sol
a papaia

* * *

[DO OBJETO ÚTIL]

WILBUR

o bando de pássaros
rompe o cordão
e se desfaz

o punhado de areia
jogado ao mar
(líquido
em líquido)

preso brilho
flor ou pássaros

mão

* * *

[ATA]

a rotina da batalha
sempre será meus senhores
a batalha da rotina

se não tendes contraclau
jamais podereis pescar
no fundo poço do céu

sereis contrário fisgados
pela mais boba miragem
de pensar mera rotina

o fragor lento de agora
sem ver por entre as esferas
lá no cimo desse azul

a concha da grande abóbada
que contra outra concha embaixo
faz a lua da unidade

em que guilherme aquitânio
conversa com ben nagrela
e o operário josé

tosca trindade profana
sob a flecha dos horários
entre roldanas letradas

— fila do cartão de ponto
maluca máquina mundi
é galé de produção

* * *

[DO OBJETO ÚTIL]

os fantasmas, sempre os mesmos
exibem, profissionais,
o que melhor têm de horror —
a burocracia do espanto

* * *

[ATA]

O olho que se vê
do azul até o roxo e sutilezas.
Mar de sal, no seu fluido
sem solução medra o nada.
Fórmula que limpa e aniquila,
ironia líquida do deserto —
mar morto, que nem esse nome vale
se a novos corpos o castigo nega.

* * *

[Do objeto útil]

DOS MODOS DO CÍRCULO

1

Rosácea de asas no teto,
o ir e voltar do peixe,
a mão do prato à boca
e a palavra aroma.

Dentro do círculo
insetamente.
Eles a própria roda
cegos de luz
pela linha que projetas.

2

Para onde os movimentos.
Não ficam nesse corpo
nem permanecem sombra.
Para onde este braço e o passo
solto enquanto o pé
sob o peso espera.

3

Dentro da circunferência
nada se esconde nem revela
a não ser o círculo, deserto
cercado de outro sol
da noite em outro redondo, lua.

* * *

[ATA]

algo me faz grafar
a palavra magnólia
flor tão distante
jamais estive nela
— como em outros planetas —
magnólia é marte

* * *

FIGURAS NA SALA

Figuras na sala

A MESA DE VIDRO

1

A mesa de vidro,
rumor

e objeto
na sala,
útil.

À mão
o búzio
trabalhado em ecos.

Contornos de pergunta,
lanternas dentro.

[ATA]

2

Entre os papéis
a mão presente,
uma roda dentada.

Ponta do acaso,
ação de braço
trás o vermelho

da lua ausente.

[Figuras na sala]

3

Giroscópio, búzio,
a roda dentada.
Um pouco de luz,
um aro de prata.

Diâmetro breve
da fixa rosácea —
quarenta e três dentes
de sol complicado.

Liberta do traço
da mão, da engrenagem,
projeto de ex-máquina
num bote escapole.

Escama de cobra,
miragem contrária
expõe o possível,
a mínima vista

na sala, figuras.

[ATA]

4

Em volta se põe
pergunta redonda,
a boca de bicho
recém-inventado.

Por fora a coroa
dos dentes, que ri
aos giros trezentos
mais os graus, sessenta.

Ave alerta em vôo
que só vento pleno
e um sépia de espanto
na rede pintada

do vento, que ri.

* * *

[Figuras na sala]

BASILISCO

Segredo em si vedado,
pois espelho
seria o apagar
de sua mirada,

felino se desenha
olho em projetos,
vista pronta a segar
todo o visível —

garra de chumbo,
flape de farfalla.
Como se explica,
pela cauda, vôo,

na pedra em que a
luz explode na pedra
que explode a luz,
a juba armada em asas.

* * *

[ATA]

MEDIDA CIRCULAR

Como saber são círculos
se falta um terço, um gesto,
e a falta se põe fruta.

Vela queimada, ausência
florescendo na sala
escuro em expansão.

Lua minguante ao meio,
copo d'água em perfil,
azul, queda de pétala.

Vazio dentro do espaço
se recoloca o quê,
acento, circunflexo.

* * *

[Figuras na sala]

ORIGAMI

As cores no piano
ignoram a terceira
que repara na sombra
de novo um fruto.

Nuances passam frias
do resíduo diálogo
segundo o olho fora,
imposição.

Manchas se fazem mãos
móveis pelo papel.
Se duvidas, amassam
o continente.

E farão desse céu
triângulo, esfera
capaz de moto próprio,
outra pupila.

* * *

[ATA]

JOGO

Caos contrário
não é acaso
de dado solto
na mesa espaço.

Soma certezas
do labirinto
olhar um dado,
multiplicá-lo.

Se rola solta,
a conta faz
o rito próprio
e pelo exato

louca celebra
todo o inexato,
lua que mostra
total um círculo.

Porém esfera,
mas imperfeita.
Profusos furos,
quer-se quadrada

com oitos lados.

* * *

[Figuras na sala]

COREOGRAFIA

A cor
apaga os limites
da maçã no prato
acesa.

Quase explode
o tom
de allegro
que a mão
não toca,

porém ergue
o espelho,
porcelana,
e o coloca
num navio

feito de azul
e amarelo.

Prato de som,
vai-se a nave.
Então retine
um sol,
todo moto
fixo.

* * *

[ATA]

Copo cheio de cores
cortado no perfil
e assim permanecesse,
cacos, jorro surpreso

Para a mão, desafio,
para a mesa, perigo
de nova inundação,
se isso for um desastre:

iminência de acorde
que no aço da tesoura
desfaz, variações,
os dois lados da lua

em líquidas metades

* * *

[Figuras na sala]

Estranha luz
se põe na sala.
Não esclarece
nem se consome.

Qual uma vela
voltada a si.
Chama que dobra
no próprio escuro

se põe na sala.

* * *

Engrenagem

Todos os umbigos são caracóis.
Talita, 4 anos.

[Figuras na sala]

Caracol
na vidraça,

vivo
deslizar
de vírgula.

Corte
do gesto
do vento,

maçã.
Ponto na cor.

* * *

[ATA]

Olhos pássaros,
mesmo líberos,
no ar fixos
pelas asas
provadas de luas,
de silêncios.

Acordo casca
com ostra
entre o cuspo
do mar
e a lamela
da relva:

ossos pássaros
na trama da cor
seguram
o céu.

* * *

[Figuras na sala]

ESCARGOT

A linha reta
da flecha
é circunflexa
pela cadeia,
geografia.

Libera-se a
chama, potência
dos amarelos
na concha-espira,
raios.

O olho reflete
esse porém
e recupera,
opaco
giz,
o g de aceso gris.

* * *

LESMA NO VIDRO

O semilíquido da gosma
em que tremula na vidraça
do paradoxo mais azul.

O sol não vem da luz, azul,
sim da sombra. Ali, de trás,
ou aqueles podres no galho
do desmanchar em amarelos.

Caverna e resplendor secreta
mole estratagema e coral.

* * *

[Figuras na sala]

BRINQUEDO

Crianças cegas
à beira
de um
abismo.

Do fundo
vêm
os olhos.
Algo

morcego
nisto,
ou de vulcão.

* * *

[ATA]

Gota d'água
e sobre
o caracol.

Táctil
joio
com outra
jóia.

Dura luz,
inda maleável
expansão

no vidro
acaso rarefeito.

* * *

[Figuras na sala]

CARTOGRAFIA

O caracol, seu trajeto
de nenhum para nenhum,
apenas dentro do abismo.

Solícitas rosas dobram
o cantar de tons vermelhos
em cascata para o negro.

O terreno dele, avaro,
não vermelha sob as rosas,
pequenos sóis vegetais.

Enquanto ele vai, desliza
como se permanecesse
neste tom do azul, o triz.

* * *

[ATA]

Meio beijo
no vidro,
vário
pulso sem osso.

Não desaba
o céu,
incendeia.

Temos mais
da fênix
fogo
do que penas.

O caracol,
se cores,

pêlo
de
estrela morta.

* * *

[Figuras na sala]

LESMA E HÍBRIS

Pássaros e formigas anunciam a ironia
entre nuvem e chão com o perigo pronto.
Manca beleza alheia do equilíbrio no vidro
onde simulas vôo e seria impossível.
A falsa gema aderes por ser ela desvio,
espontâneo fabrico da solidez preciosa.
Exposta ao gesto cíclope, duplo gume que lavra
óbvio a circunstância da qual emergirás.

* * *

[ATA]

CARACOL TEXTUAL

O rendilhado guarnece o espaço com tinta escrita
guardada no entre ar e pétala.

E como o vidro não vê, apenas transparecendo
as nebulosas, arrasta.

Na trilha o olho se instala exposto ao pequeno espanto.
Também se constata pista.

* * *

[Figuras na sala]

LESMA COM UNHA

Restrito ao rastejar
sob a pálpebra
de gesso

Carne
calcário
lume

lava fria e matemática
rima com vidro
todo figuras

Ele se cospe
quem o cospe?

* * *

[ATA]

SOLUÇÕES

No sal a fórmula
do desmanchá-lo,
menos se dentro
do mar se encontre.

Lá se resolve
contra o punir
do gume, do ácido.
Pele salobra

de salamandra.
A própria língua
se encaracola
quanto a dizê-lo:

nem feminino
pode existir
para essa vulva,
concha com fecho.

Em riste se abre
um sexo fêmeo.

* * *

[Figuras na sala]

SOLUÇÃO

negativo se
solve

lustro
casca
gosma

todo olho
um escuro

carbono

* * *

CORNUCÓPIA

Se o grão de sal
restitui os oceanos,
sobra em resumo
o búzio que se sopra.
Discreta jóia,
jamais expele o sono
nem assanha paraísos,
apenas coloca, se tanto,

o crespo de uma vírgula.

* * *

Textos do deserto

[Figuras na sala]

QUIROMANCIA

Da mirada
o basilisco
deixa a obra
à caça de novos
pastos
na trama da cor.

Nada sopra,
tudo ondula
ao jeito morno
de carne,
primária tal
qual a fome,

unívoca
ao repetir,
aberta
festa de linhas,
mão
por onde
as figuras

que um homem vê
feito livro
sempre
lido em vez

[ATA]

        inédita.
        Pela qual a lua,
        gema a
        mesmar,
        absorve redondos
        efeitos
        olhos
        de peixe.

           * * *

[FIGURAS NA SALA]

Areias, um exemplo citado nas lições
como único possível da fala de água e vento.
Mar infenso a navios, coalhado de medusas
transparentes porém, invisíveis porém,
íntegras no perigo de seus tantos tentáculos,
escrita dançarina num ponto do deserto
prestes a resolver com uma frase e pânico
talvez o sol, guardado nos incontáveis vidros.

* * *

[ATA]

O mesmo passeio do tigre
contido nas próprias riscas
e adivinhado no campo
da maquinação de vidro.
Um entrever desgarrado
que talvez retorne a si
se ao azar avança a fera
para fora dessas grades:
ouro, tecido sem rastros.

* * *

[Figuras na sala]

Peças de engrenagem presente
a máquina
da qual não sabem
Nela funcionam
por simples

Cubo
triângulo
astro
nuvem
a mão da mulher

Em redondos
que o lápis
e da mosca
a metalinguagem

* * *

[ATA]

As dunas,
horizonte curvo,
harmonizam
o arsenal
de romãs.

(Explosão
recatada
do vermelho,

cada grão
da romã
guarda a
maçã.)

Das mãos
fluam raízes
de uma teia

que em
cima
da
miragem
teça o céu.

Cada nó,
um
rubi.

* * *

[Figuras na sala]

Explicar concertos de areia
seria inventar uns fantasmas
que arrastam o peso do ar.

As luas rolam pelas pedras
de Ulân Bátor, Jerusalém,
são os nortes, vagos papéis

onde se desmontam castelos
já todo muralhas erguidos,
mas puras muralhas de ar.

* * *

[ATA]

O camelo navega
por si submerso,
olho d'água ondulante.

No entanto, os afogados.

* * *

[Figuras na sala]

MAR DE SAL 1

Água morta, construções
em torno do olho de sal,
areia branca, restilo
do que foi jardim e peixes.

A montagem se revela
enquanto o ar com a água.
Ficam essas ondas duras
e faladas por minúcias

de monólogos, matéria
pronta ao toque não sabido
de gesto prestes ao ex:
a mulher que se retira

recolhe todos os peixes
para a fome do deserto.
A boca desfaz sabor
em gume, o pomo antigo.

* * *

[ATA]

MAR DE SAL 2

Um objeto
nesse olho
sem
fundo
repete a matéria

impossível
ao mar,
veludo
além do tacto.

Aberto ao piano
se à espera
no canto,

à voz não
se reduz,
cristal
de cordas múltiplas,

banalidade
em festa
ao alcance do pardal.

* * *

[Figuras na sala]

A sede se amplia
por uns olhos brancos
vívidos de areia,

desfeitos talvez
— mas sem solução —
numa tela súbita

de prisma intocável
sobre o mar de sal,
água feita sede:

um morto vibrar,
e vibra no entanto.
E vibra, o que basta.

* * *

CHAVELHOS

Pontificam nas grimpas,
decerto coisa escrita

das letras caracóis:
cimitarras e luas,

adagas e trombetas
retorcem o ar por dentro.

Porém se os shofarim
da colina irromperem

e o barulho dos cascos
e os fantasmas dispersos

e alguns leviatãs.

* * *

PASTO

Das cabras
a escrita,
letras caracóis

guarnecem
o deserto,
habitamos.

Língua até a
raiz
da relva

entre
dispersos
alguns sóis.

* * *

[ATA]

Montanhas minadas
de pergaminhos.

Olhos em osso
— cavernas —
espreitam
a decomposição

da escrita
lida de vez
ou nunca.

* * *

[Figuras na sala]

O olho forma
no chão
um espelho puro
vidro.

(Das areias
contadas
por camelos
e cabras,

serpentes nuvens,
pássaros,
funda
móvel paisagem

o olho,
forma no chão,
espelho
puro vidro

guardado sempre fora.)

* * *

[ATA]

aranha de vidro
a mesa
deixa

rastros
afora o quê
o quem escreve

o sol
e seus tentáculos

* * *

[Figuras na sala]

Cobra e escrita, só
corpo que se grafa inteiro
no presente.
Serpenteia

raio na areia.

* * *

[Ata]

Violetas
sustentam o
azul,
outro instante
do modo
luz.

Uns bichos nunca
peixes,
outros vermelham
os equívocos.

Se alojam
pelo
ar,

hábitat natural,
e habitamos.

* * *

[Figuras na sala]

Do caracol
a pasta,
sopro estendido,
a areia,
dunas,
vagos acordes.

Olho de tigre
num oito,
a mão de Escher,

pássaro.
Suspenso lance
do peixe ao vôo.

* * *

[ATA]

Dedos em flauta
desmontam o piano
de sal
estas notas

Um influir
de cinzas mais
que brancos
mais
que camaleos
silêncios
ao longo do concerto
de areia

Da sede arquitetura

* * *

[FIGURAS NA SALA]

SAGHI NEHOR

Não estamos em nenhuma Dízengoff,
rua feita de vitrines e portos
cheios de medusas tortas, feras
em descanso pelos becos, vagas.
Nenhuma catraia se aproxima
de ilha nenhuma, de nenhum morto.
A sombra de quem se espalha sombra
sabe na pele sem espessura
o cheiro cor de amarelo-prata.
E é só esse cheiro lunar que fica,
defeso ao toque, gesto entretanto
por onde conjugado, em lugar
todo posto em luz, cego porém
o alfabeto das patas fendidas
hipótese sempre de passagens
nos azuis deste hálito apagadas.
Paisagem resto, rastro do olhar,
modo próprio de dizer maçã.

* * *

[ATA]

Amianto, o céu de Ulân Bátor
dobra-se e redobra desertos

ao rasgo de olho basilisco:
dentro dele navegam fomes

de vazio, de nada, mas tudo
foge e o vazio é mais depois.

Exposta fica a flor na mesa
à espera da tempesta nula.

O vento, sem vela não move
alguns barcos que a sala ancora.

* * *

[Figuras na sala]

Prata solúvel, rastro
na mesa de uma aranha
de vidro articulada
em brilhos. Toda espelho
apaga, puro fósforo.

O canteiro faz muros
para dizer deserto
com os olhos, no vaso
dentro da flor a cor
se expõe semente mesma.

O canto alheio, vau
até o vôo que fixo
estabelece o zero,
como a lua, ciranda,
em círculos se abole.

* * *

Gheminga

[Figuras na sala]

GHEMINGA 1

Fragmento
de um fôlego
de cobre,

ideograma
do móvel
labirinto,

da fênix,
cada olho
te retrata.
Imagem

súbito permaneces.

* * *

[ATA]

O zodíaco
não fiou em ti,
renegada persistência,
vida em demasia
que
    se desata
quer-se única.

Olho do furacão
tua pupila:
tigre de treva.

    * * *

[Figuras na sala]

Exacerbação do luxo
tua ausência
na miragem.

Por trás
de cada porta
do ar

tu te escondes.
Explica-te
pelo deserto.

Iminente
tempestade
na paisagem sem figuras.

* * *

[ATA]

Rotina que se quebra,
chama que irrompe
dentro da chama,
ou apaga.

Refletes
um rastro
e te
dispersas.

* * *

[FIGURAS NA SALA]

GHEMINGA 2

A gema \ raios
se
decompõe

em
claro
escuro

se
põe.

* * *

O OLHO DO CANÁRIO

oouoh

[O OLHO DO CANÁRIO]

1 — EPPURE

Fósforo ou qualquer chama rápida
em manchas inda não na tela.
Uma suposição de bicho,

esgrima aberta em ramalhete
de arabescos, se matemática,
ou no simples, golpe de ar

qualquer calmaria desloca
e faz da mão pronta ao espaço
apenas marca, rastro em fuga.

Fome a se alimentar de ti (ou)
forma a se alimentar de si,
paisagem quando se revela

esquina no barco dos olhos.

*

Jeito de ovo, móbile,
ele quebra e não.

Parte de algum ponto
isento de círculo,

posto em si, triângulo,
falso panorama

todo se coloca
mas depois se apaga.

[ATA]

Nó exposto na mão,
cadeado primo,

joga dentro a chave
após resolvê-la.

Porta pronta ao abre
da chave se flama.

Flecha da presença
tem papel de trava

ao torque uma lâmpada
o escuro descobre.

*

Inteiramente gêmeo
dele mesmo refaz
o ruminar da fera.
Em sugestão se basta
no pelo próprio fero
da configuração
de um arranhar a lua
talvez para torná-la
com andante capricho
prova final de fruta
vulnerável à fome,
tão única que gêmea.

*

Invulnerável ao nome
como espelho nem a flor.
Como se nada a tulipa
da mão em concha, tão pronta.

[O OLHO DO CANÁRIO]

E apresentando na sala,
para a platéia de móveis,
uns livros, coisas mexidas,
os toques originais,

o vaso da remissão,
tinta guardada na areia,
contraluz, alga à deriva,
onda, regurgito, allegro.

Mas todo texto um prefácio
conjugado após, dobrar
de página assim, é líquida,
logo ao olhar se conforma,

bate no já, vai porém.

*

Zero de triângulos, (os)
impronunciáveis
armam-se em cristais.

Rosa, não a flor,
deixa-se prever
entre os raios, rede.

Mas nada descansa
no aranzel de vidro
desmanchado em prismas.

Rosa, a não flor,
mas jamais e nunca
e nem se insinua.

[ATA]

Moto esse contínuo,
rosa — a flor não.
Prende aranha, flor.

*

astro inda sem nome
sentido na frase

tal qual a batata
o pomo do sol

*

Em que difere
bicho o jaguar
de um brilho, lapso

onde ele espera
ponto o final
de novo o salto

para engenhar
nesse impossível
dele a presença.

*

A pedra comporia
o do lápis-lazúli,
azul e ouro, ou kitsch
escândalo compacto.

[O OLHO DO CANÁRIO]

O diamante é gato,
unhas as violetas
enviesam o espaço
na retorta da luz.

Porém aqueleamém
todo por si che move
não se expande se fecha,
todo em copa de cores.

*

A mão se estende na mesa.
Vale o céu peso de mesa
com todas as ferramentas?
Que o céu pasto para nuvens
carregadas de elefantes,
de hipos, até mesmo símios
sombra ao sol se representam.
Ignorar o zôo das nuvens,
um bom ângulo de ler.

*

E tão pouco em Ulân Bátor,
mas tem-se a recordação
da certeza uma laranja
e sempre virá da festa
azul do Mar Tenebroso.
Astro na areia, vermelho,
ou júbilo em Amsterdã,
no rio deserto, Góbi,
sua sombra onde veleja

[ATA]

        rumo do Alasca, quisesse
        inventar ponto por sol.

*

        Essa caixa de mesmice
        colocada sob a mesa,
        não por desuso, per se,
        muito menos por desídia,
        essa caixa de mesmice.

        Além dessas quatro pernas,
        eu diria ela sustenta,
        essa caixa de mesmice,
        a própria mesa inda mais,
        o que sobre a mesa vai,
        o quem sobre a mesa escreve.

        Ela, mesa, não carrega,
        nave estática do móvel.
        Quem carrega é aquela caixa,
        essa caixa de mesmice.

        Isenta de asas e chave,
        ameaça contra espelhos
        sem registro o enquadrá-la
        em ângulo nem redondo,
        essa caixa de mesmice.

*

        Quando alguém põe um vaso
        na paisagem, faz dele
        um centro aberto às garras

[O OLHO DO CANÁRIO]

das heras, ramos, cílios,
raízes, olho rente
ao esmiuçar táctil,
lesma língua da concha.

Vegetal exegese,
sem partida do vaso,
vai para o vôo fixo
e faz dele paisagem
com objeto plantado
pela mão, a vontade
mais os olhos que agora.

Assim bicho, ou frase,
se desempenha ao jeito
utensílio de sempre
na sala, na paisagem
gestual, água torta
pela qual flui o azul
de Sèvres, qualquer nulla.

* * *

2 — PTERODACTILOGRAFIA

Este objeto aparecer
e sujeito conjugado.
Aqui, outro texto aéreo
ligava-o ao papagaio.

Por que se apaga o escrito?
Pelo medo, distração
é de notar, permanece.

Desagravo dos grandes lagartos,
das gravuras chinas, ésses
e pterodáctilos vírgulas
escrevem dedos voláteis
ao alcance de oras, nuvem?

Permanece distração.

*

Não se trata de bicho ao quadrado.
Ao redondo?
Bichos são quase identificáveis pelo cheiro.
Como aqui o cheiro dele?
Bichos, identificáveis pela forma
ou mais
ou conhecida mesa,
pelo comportamento razoável,
minotauro chifre em lábris,
se antípoda.
Exemplo o boi no ar arando.

*

o lobo.
o elefante.
o fato.
não, o gato. Próprio nome de espécie, filosofia
que esplende em si.
filosofia?

não
claro
um
pássaro
desmancha
sóis

*

Qual o engajamento sob a chuva,
dois de seus elementos à mercê.
O fogo fará tanta sede?
Mas vôo, o mergulho,
simultaneidade em ar e água.
Inventor ou voleio do abismo?
Buraco negro vivo,
um armário de todos os abismos
o olho do canário.

*

Certa manhã baixou a raridade à feira.
Tempo em que raridades davam sopa. Confeccionava-se a novidade, não o inédito. Em vez de desenhar um móvel mais próprio às suas finalidades (uma caixa, sim?, inédita como um diamante não sendo caixa de luz) os profissionais do susto ao alcance de todos se dedicavam a propor inverossimilhanças. Vago erro. Quem disse inverossímil? Aqui, nas gravuras, a própria expressão do útil (techné onta, um deles?)

[ATA]

    Com o que retorna ou mergulha pela primeira vez no mar ardósia. Pléomen dépe ôinopa pontón. Dicionário de gafes: os ingleses redescobriram o futebol. E deram nome ao sanduíche. Borgianamente baixaram a lança. Cansados, perceberam ignorar o nome. Então inventaram um nome próprio, só não descobriram o sujeito do nome pois intocado oculto no impróprio. (Tenham inventado Joyce supondo o papiamento seja sua língua bífida, a partir da qual as duas linhas se vão.)
    Se alguém o apresentasse na medida, veria algo humanamente nas patas traseiras tenaz muito prazer. Pra que formalidades se ele mesmo todas as formas conjuga. À moda das cores — somadas dão branco branco alvo.
    Um espaço.
    Franco.

*

    Branco. Por quê? Espreita no mar ardósia, todo lado ângulo: o habitante da rosa-dos-ventos. E a rosa vertebrada — agulhas e triângulos em campo redondo — vera abstração, o lugar, comum. Qualquer alvo pode sair desta sala e ir para outra mira. Qualquer pássaro mergulha de vazio a vazio na espontânea criação de abismos. No ar flor articulada em movimentos, jogos de água, única mancha permite a passagem.

*

    Menor que o coração de um camundongo
    fremente tanto quanto do tamanho
    de uma pérola pigméia pupila
    incrustada num redobro de azuis
    Abrem-se os azuis cortina do verde
    por onde o peixe penetra o silêncio

*

[O OLHO DO CANÁRIO]

No segundo caso temos por coisa um algo mesmo, um copo d'água — já no entanto pertence ao universo além mão que o toca. Se lhes pedíssemos que nos explicassem versos e vasilha chegaríamos ao dado de que a sabedoria deles não passa a matéria bem quebradiça. Um dos techné onta, o verbo não transparece o t o vidro, onde a fala?
Não existe o verbo extar?
Quebra-se um dado como se faz um ovo?

*

ao alcance o que vai,
água ou olhos. Um corpo sem fundo
molha e num prolongamento do sentido da areia

freme a laranja
em alguma rua de Tânger

*

(Estudar-te.
Um mapa na sala expande oceanos.

Por onde começo — o teu rosto,
fases da lua numa noite só.

Cometas, peixes loucos,
o fundo do mar expõe-se no ventre.
Coraliza nos seios.

As mãos caçam elas mesmas,
nostálgicas do rígido vôo das garças.

[ATA]

    Coxas, cores, antenas de bichos indecifráveis,
    indescritíveis,
    imagináveis.
    A boreste o desconhecer-te (

*

O mar se movimenta segundo ele (it). Assim os chistes. Colombo, mero e portentoso chiste. O poeta josé estende a mão mas ela peixe escapa: um faro elétrico. E do mutismo pisciforme o barulhento bando de andorinhas dipinta a sala.

*

    nada mais água que o cardume de colibris
    nada mais ave do que seu mergulho borrento,
    toda a indiscrição do predador no ar.

    Um ninho o espera, guardado por iguanas.
    Toda Galápagos o aguarda.

*

Quantos que ouviram tal história decidiram torná-la prática? Os materialistas náuticos. Não se trata disso, diriam os vieses do vôo. Colombo reescreveu o Mar Tenebroso provando-o tinieblas y mar numa casca de noz.

Por que não de novo?

*

Mar Tenebroso. Pléomen... O torto de Colombo lá dentro, por fora, entropia do humor. Chiste, pilhéria. N'"Os Últimos Fins do Homem", o padre Manuel Bernardes endossou um anátema grego: "Graças, chistes, e facécias, que movem o riso, são para o tablado da Comédia, e não para o púlpito." Parece que nisso o cura bate com outras seitas, nesse comentário sobre a máquina de rir. Chiste vem do castelhano, território do pícaro. E nesse idioma inelutavelmente nosso (servidão de passagem) com variantes há esta expressão: "dar uno en el chiste", que significa "acertar com a dificuldade". A palavra tragédia (espécie de monomania) foi trocada por púlpito, no alto, nobre, elevado, rigoroso bombardino.

O riso move.

Entropia, acertar com a dificuldade dos cinco elefantes na piscina de bolas do olho da mosca.

*

Espelhos literais aqueles quem exigem o voluntário do que olha para tentar o quem. Um giro do espectro — íris — revela o modo de Colombo das cores, o sol aqui. Assim como o título, mas corrige-se tal qual o tema
    oouoh

*

Dentro do Mar Trevoso vinga um como de Colombo. Dentro da sala vingam dúzias. Dos próprios, também dos que vão gorar na bandeja dos mesmos, também dos que vão bancar a disseminação de incontáveis próprios, unidades idênticas em matéria de amorfo

problema

*

Sim em matéria de equívocos. Um problema contém todos os outros que contêm todos os demais, etc. Labirinto todo saídas:
    carasoles.

*

[ATA]

Por que o útil seria o razoável? Nada mais improvável do que a mão e a letra h. Cópia de quê? O bico que mama, a pata palmípede que voa, a cauda marsupial, o parto-desova num leque de farpas em riste. Onde a natureza das moscas? Nos olhos. Roma o teria visto como desafio supremo aos leões, a Grécia talvez o pré-entendesse heracliticamente, embora aí morasse Parmênides. Os chineses teriam a mais o

ideograma.

*

Pesa quanto um grama de idéia? Quem quer tal geringonça? Pessoas de que se tem notícia possuem em comum, jamais depararam a peça, irmãos pelo menos nisto, santa ignorância. Se do absoluto partimos, chegamos ao idêntico, dada a circularidade oval do olho e do céu. Ninguém saiu, todos chegaram. A volta dos que não foram. Brilhante

ideograma.

*

Ao contrário do oráculo, não fala, não diz. Como seria a voz dele? Como seria a cara dele sem o bico? Como seria o fogo sem a cara. Tem ele buço, tem ele focinho, cornos, tem ele o raio na palma da mão? Cai do céu? Depois desses panteísmos, depois, avancemos, naveguemos em
sinônimos.

*

Todo idioma tem momentos de fala própria, não se refere ao uso que dele faz este ou aquele escritor. Refere-se ao cristal de uma palavra, exemplo, capaz de resumir o sol ou coisas mais graves. Dvr, davar, ônix do hebraico.

[O OLHO DO CANÁRIO]

Ninguém acredite seja o bicho uma onomatopéia, essa incompletude em exercício, perífrase espiralada. Pois d(a)v(a)r, palavra, também quer dizer coisa. Porém não se trata de algo imóvel, é uma palavra terremoto. Entre outras significa relacionar (convergência para o logos), guiar, mostrar o neelam escondido, sujeitar e, magma originário, destruir.

Em "Crônicas", 22 (Divrei haiamim, Coisas, Palavras dos Dias), 10, lê-se "VaAtaliahu, mãe de Akhaziahu viu que morrera seu filho e resolveu destruir (tedaber) toda a semente da realeza de Judá." O mesmo verbo que ordena e cria destrói, d(e)v(e)r, pestilência — consagra-se o "bem" e o "mal", pois a Causa é única.

"Juízes", 16, 14: "Veruakh Elokim sarah meim Shaul uviatato ruakh raa meeElokhim" (E o espírito do Senhor se retirou de Saul e o assombrou um mau espírito do Senhor.)

D(e)v(a)r i(e)ss(o)d. Palavra da base, coisa da base, fundamento. Mas também se entende d(e)v(a)r (ie)sod, palavra, coisa que é segredo do Nome (IE).

E no Livro do Esplendor: "luz que incluiu esquerda na direita (...), incluiu direita na esquerda e esquerda na direita."

Pode-se ter Shaul como Sheol. Entenda ambas as palavras como enraizadas no verbo perguntar e em degradê, pedir: lish'ol. E Sheol sendo o Tártaro.

Olam, mundo, neelam, oculto. Azar de abracadabra?

D(u)bar, dito, falado; Dover, falante. Não ler midb(a)r — deserto — mas m(e)d(a)b(e)r — eu falo, ou ele fala. Por conseguinte simultâneo, como compor decompor redobrando o termo sentido.

mdbr, palavra-basilisco.*

* * *

---
*Ver "Shemot" (Êxodo), 15.
P.S. 1: áin — nada, àin — olho, questão de acento: à-á
P.S. 2: O olho do tigre é o que não se vê: olho-de-tigre, amarelo, vermelho e azul, fogo e incombustível.

3 — CLASSICAMENTE TALVEZ

Como a vista do morcego, in-
existe ao sol, mas para a caverna,
seja a bolha no fundo da terra,
seja a noite vazada por moscas

fixas na lucidez mais inútil.
Pelo escuro ele desliza aberto
ao fazer de contas da aritmética
simples e resultados compostos.

Desistir palimpsesto, embora
só se pense o espanto do quebranto
portador de asas, três, voa nunca
esse concreto, puro entressombra.

Sem o babar, caranguejos moles,
nem o cantar de pássaros brancos
e menos explosão, cores brancas
em que o natural se move e faz.

Pronto e final, insolúvel pois,
o resistir no plano da mesa
se rascunha por raiz da chama,
proposta do inumano da rosa?

Se o querer-se rosa desafia
a imagem anterior ao fogo,
engenho de sons, o olho morcego
vasculha o lume sem decifrar.

*

[O OLHO DO CANÁRIO]

Exemplos contrários do olho,
os seixos dentro do rio.
Não explodem, não refluem,
unidades do plural.
Eles se apagam anônimos
numa digestão recíproca
de magma polido. Formam
redondo o oval boomerang
a se sumir atritante
até enxergar o de um nada.

*

Aventura nunca tentada,
navegar o convexo de olho
sem quebrar segredo nem casca.
O Colombo da travessia
por prêmio não vai receber
dezoito navios, viagens,
a soberana em cama cheia.

Américas não venderá
por descobrir na mesa, só,
pronto, opaco golpe o nó.

*

Armar um olho, deslocada lua.
Um olho guarda o dentro e o redor,
redondo ó em si, mais que diálogo.

[ATA]

Descartam-se lápis, papel, espelhos.
E o mais sutil rasga o fiasco,
embora impossível a ruína de um plano.

Mais impossível de um mote.

*

Decompõe-se o olho em pétalas
na mesa, a rosa animal
pede várias ferramentas
se quisermos a ruína.

Artifícios preparados
para o exato da tortura,
que aos dedos frágeis conferem
o poder de penetrar

alguns segredos da dor.
Cada pêlo de teu dorso
torna-se tema de tese
nas tenazes producentes.

E teu ventre delicado
expõe todas as ferrugens
à fina especulação
do cutelo diplomado.

Temos um detalhe aqui
entregue à lupa sem pejo
desta intimidade à mostra
do mouco alcance da vista:

[O OLHO DO CANÁRIO]

algo treme com minúcia
em cima das omoplatas,
decerto a plena agonia
das asas em gestação.

Retornemos ao geral
do cofre já desmanchado,
mapa de vermelho inteiro,
os fragmentos, os gemidos

de qualquer mundo no fim.
Ferramentas são inúteis
para revirar tal jogo
sobrante em cima da mesa,

o relógio tão banal
movido por dois ponteiros,
os números, indicando
o fora de hora inexato

deixado na retirada
feita sempre em certo livro
de alguns grous em formação.
Consultar o fora de órbita

na base dessa figura
bem banal, simples triângulo
em duas linhas montado,
tentemos caçar a terça.

*

[ATA]

Contariam que as fêmeas
deixavam um só posto
entre os ossos, dali
saltava um novo bicho
sem cor, todo albumina,
à esfera de algum sol
capaz de revelá-lo,
também de destruir
se a cinza procurasse
como se fosse a Lua.
Os restos de vitríolo
sumiam transparentes
ou no ar se ocultavam.
Escultura à espreita
entre círculos, três,
é o que, em fogo brando,
uma lenda provável
nas malhas desta areia.

*

Rastros moram nos pés,
não há como pegá-los.
Deles só se percebe
além talho de estrelas
o seguir, quando muito
um farejar, entre outros
jeitos que o ar se exibe
e só supõem prender
no confuso momento,
a fuga desde o rastro —
na praxe vai dianteiro
embora, sempre atrás
justificando busca

[O OLHO DO CANÁRIO]

com estrada de volta,
inda no seu princípio
nada o caçador ache,
solução, minotauro
presente todo exposto,
revelação sabida
de Dédalus, o vulgo
construtor de caminhos:
limite cada passo,
ponto final Ou ,

*

Ao redor tudo flutua
porque a tudo falta peso
ou vai ver tudo flutua
por ser próprio de uma coisa
pesar menos do que o ar.
Só teus passos vão fundados
em algo que vem de cima,
em algo que faz pressão
sobre a terra e deixa marca
lavável em água e vento.
Eis que também eles vão:
cinco rastros subalternos
pelo ar em borboletas
nuances, cores dançadas.
Ao redor tudo flutua
porque a tudo falta peso
ou então tudo flutua
porque o vôo é o ooeuh.

*

[ATA]

Sempre água e pedra se fazem, o rastro dessa obra-prima
de unidade um tanto estrábica mostra-se ao modo de ponto
numa corda inexistente. Falta o fio que puxar
e estender o labirinto de um muito num sempre vôo.
Qual catar no palheiro uma chispa que ficou, sumiu,
tornará ficar lá dentro, ameaça, ou por graça,
esquina de vento, nunca ela se quebra, existir
em linha reta de cobra de vidro, senão reflexos
no veneno das esferas. Naquele ângulo talvez,
ou quem sabe aí será. A palpável luz da estrela
já morta, mas insistente como essas dores portáteis,
sugere flor antitempo — pétala na qual se caça.
Aquém da rosa-dos-ventos encontrá-lo: um presente.

*

Há qualquer vago no espaço,
não se confunde com ar.
Isso fica sobre o ar,
bem dentro, nunca se expande
e tampouco diminui
o seu fogo de presença.
Que não flutua, jamais,
nunca se move, está
no ar, pedras, através —
absoluto, permanente,
presa, imóvel corrente.

*

Aqui não havia um texto substituído por estas linhas. Observação
supérflua, ninguém conseguiria assinalar o nó em que se faz a seqüência
do vento nem da onda. Além do mais, para quê? Observem-no isolado

no vazio, nenhuma idéia, nenhuma sugestão o atinge, enxuto, amplamente soberbo no desconcerto que se move nuclear, gema em ação.

*

    Certo homem chamado Bignani olhou o céu cheio de motivos profissionais. Sua profissão: vasculhar o palheiro de luzes mortas. Isto é, celeiro de fontes mortas de luzes no corpo de uma égua à ilharga do inferno astral.
    A história que contam é esta. Uma estrela tão brilhante quanto uma bola de futebol acesa, ou seja, a Lua Cheia, explodiu e, próxima da Terra, afetou a camada de ozônio deste planeta. Calamidade testemunhada por Bignani.
    Essa lua enfurecida se tornou um fantasma de corpo presente. Pelo susto do passado, pela falta do momento, mas ali. Fecho já sem luz capaz de se mover ao ritmo próprio das esferas, aquelas músicas todas, aquele silêncio enorme, o silêncio, sol da música. (E a música, enroladamente luz, concede o sol, sombra de por sua vez.)
    Bignani, Giovanni F., de Milano, Adamo reeditado, os gigantes de Vico, aliás João Batista, nome de recomeços para tantos. E giovanni, dono da graça primordial. O fantasma dessa Lua Nova, ali e não, o doutor Bignani Giovanni nomeou graças à Lva materna, o idioma lombardo.

            Ghe minga.
            Não está.
            Não existe.
            Não há.
            Que míngua.
            Quemíngua.
            Gueminga.
            Gheminga.

*

[ATA]

    A deusa disse a Parmênides que este deveria aprender de tudo. Da verdade redonda e das opiniões dos mortais. Mentira-verdade, Lua Crescente, taça pela metade. Existe claroscuro, não há meia dor.
    De perfil: quatro patas, fossas olfativas, mama, ovo, pluma, potencial de grifo. Chama.
    Os sentidos são oito, formato de lábios.

    Mas para dar-lhe experiência plena.

*

    linha de montagem das nuvens
    festa dos contornos de um deserto
    na desoficina do céu
    sob a mesa

    Paremênfes clanimérum,
    los clênques delinescentes
    clavicórdiam megatérum,
    norrólham quereferênes,
    se nósqua méru ke nêres.

    — ele (it) parte do desmanche
    da cor
    da palavra
    dos metais

    que automóvel não sairá disso
    classicamente talvez

*

[O OLHO DO CANÁRIO]

um sorriso
o teclado
do piano
ele estala
estrelas
com os dedos

um sorriso
o teclado
do piano

ele escrala
escrevas
com os aedos

*

Pela invisibilidade astral
levar sob o braço esse abismo portátil,
também dentro da pasta de trabalho
para o ver o quê.

Retirar a caixa do mar de baixo da mesa,
praticá-la como não se pratica mais o olho de Colombo.
O exercício da rotina,
clave das vertigens.

Observe-se a fácil analogia com a música e a dança.
Os anzóis do ritmo.
Sonoro ele,
um conjunto de garças e flautas em fuga,
mas ao fundo veja-se o oboé se enfuna batráquio

[ATA]

paquidermicamente —
e arrasta o mundo.

Obus, ovo, oboé, óbvio.
Oouoh.
Em matéria de música o jazz dodecassilábico,
porém se move considerar a bicanca belicosa,
as páginas pernaltamente longuíssimas,
garras não mentem jamais.
Servem para te transformar em oouoh.

Onde os dentes se instalam?
Alisá-lo como se penteia um cão,
pensemos nisso
para descobrir o que há de horror no quadrado.

A doçura do toque com os olhos
fechados estabelece
a mentira de que acariciamos o açúcar
de um coelho nas primeiras plumas.
Até o coração dele chegamos,
aquele fremir na ponta dos dedos,
vera rosa
enquanto em Tânger.

Delicadeza bailarina
a se equilibrar num visgo luminoso
de Debussy.
Tenro hipo bebê erra pelo Nilo
serra nuvens lva à vista.

*

[O OLHO DO CANÁRIO]

que integridade
ocupa o lugar
do vaso
após o golpe

pergunta a mão
se recompõe.

* * *

Crab at random

[O OLHO DO CANÁRIO]

1

Os movimentos aonde
eles não moram na máquina
sombra nunca permanecem
azar de marcas, de cores

Os movimentos aonde
este braço que se faz
enquanto imóvel o pé
sob o próprio peso espera

2

Somente seguir, saída a
jamais entenderás para
a frente talvez caminhes,
para a direita ou esquerda

ou mesmo aquém do princípio.
Sem companhia de monstros
nem fantasma fora disso.
Talvez a couraça, isto.

3

Em giros, fazer esquina
é seguir a linha reta.
Nada muda ou cria rumos,
apenas estrelas, octopus,
algumas evoluções.

[ATA]

(Em toda periferia
uma laranja flutua.)

Quantos redondos desfrutam
o sabor dessas marés
sobre calçadas e nuvens.
E se enfim também não ficas
ponto só — outro circuito.

Agora, palavra sol,
uma laranja se parte
fechada em gomos. Repete
abertas periferias
com propósito de lua
posta crescente, minguante.

4

Caminhar dentro do rito
desenhado por insetos.
Mas insetos vão plural,
conjugas o singular.

Rosáceas de asas no teto,
ir e retorno do peixe,
a mão do prato até a boca.
Uma objeção no horizonte:

nenhuma dessas amarras
prende mais do que o concreto
inventado pelos olhos —
flor na cadeia redonda.

[O OLHO DO CANÁRIO]

Caminhar dentro da casca
igual insetos no teto,
eles são a vera flor.
Pétalas vagas penduram

azuis cores regurgito
no tecido pluriforme
lavrado em teu enxergar.
Praticar dentro da concha

a lua sem os começos.

5

Existe quem pense entrar
em mil lugares, na dobra
do caramujo, no vôo
trabalhoso que os cetáceos.
Mas tu dispensas as formas,
o segredo dessas caixas
menores que a outra em outras.
Não existe entreatravés.
Somente, se mais, estar.
Girassóis, monotonias.

6

Dentro da circunferência
nada refaz ou revela,
próprio círculo oferenda
— um deserto interior

cercado de outro deserto,
mesmo horizonte ao redor.
Redesenhar esse torto
com os olhos, cego vôo

[ATA]

rumo às coisas que ele esconde,
a voz, a mão, rima rica,
triângulos, superfície,
a retina rente ao ar.

Entretanto essempre as garras,
impõe-se considerar
aquele primeiro círculo,
referência colocada

sobre o próprio eixo. Mira.
O sol se mostra na sala
em outro redondo, a lua,
ponto, rastro do compasso.

7

A poeira se sustém
antes, depois no papel,
de repente ganha cor.
Talvez estrutura mesmo.
Tudo bóia pela rua
que no reboco ou na frase
alguém tenta conservar.
Como porém acender
o lunar desse equilíbrio,
fonte de qualquer, o vento
na voz, no eco, paredes.

8

A desordem dos contágios
espalha-se igual um verde
sobre a pele disponível
limpando qualquer sentido.

[O OLHO DO CANÁRIO]

Torna-se o corpo defeso
às demais enfermidades
no guardar-se de um jardim.
Azinhavre repelindo
qualquer aproximação —
os insetos, mesmo coisas.
Quantos dedos te tocaram
em desespero, urgência
de apenas contaminar,
já que é essa a natureza.
Ficaram as marcas não,
armadura que repete
em mote do astro novo.
Olho de feição ruim
quando os verdes ele solta.
Antifesta e comunhão.

9

Descer as escadas inéditas
onde a barba do pelicano,
as contrações do celacanto

preparam o tremor das águas,
este leve encrespar a pele.
Trabalhar desse porto zero

o que perpetua a laranja.

10

Os peixes com grandes bocas
passeiam a sonolência.
Eles falam pelos olhos
sempre abertos, são presença

sabida mesmo no escuro.
Olhos redondos da noia,
testemunhas, tantos ossos,
comida dos outros peixes
com grandes bocas de sono.

11

Líquido o grito se forma
no rebuliço, uns congros,
escorre inda pegajoso:
caça seu corpo de cobra.
Abolida qualquer arma,
nem parede a toda prova.
O som espiral em farpas
torna-se espinha do vento.
Onde toca deixa um resto
florescendo ou fica espera
redonda, eclodir líquido,
o monstro pela serpente.
Ao articular o ataque
o grito se apaga mínimo
para exposição do riso
cavalgado pelo grifo.

12

Um labirinto sem curvas
pelas quais rolam os dados
sondados por muitas luas,
flor da boca de oferendas.
Alguns bichos se colocam
nas hipóteses de sombra
de onde saem transmudados

em réstias bobas, são cores.
Nessas manchas um indício
de que é possível esquina
já nunca mais nestas ruas,
sim no mar onde elas luas.

13

Humor de peixes, cães, astros,
tem lugar no desconforme
deste oval em expansão.
Mesmo que o leitor consuma,
a palavra sede não
pode sair do deserto.
Depois, tatear o podre,
ovos perdidos, o cheiro
prova a pletora da carne.
Jamais gastar entre páginas,
fazer de silêncio ativo,
vermelho de olhar o giz.
Alguém pensa ser aquilo
o próprio olho se erguendo
polvo. Agora os tentáculos
carregados de tenazes.

14

As águas lambem a pedra
com vontade tão redonda
que qualquer teu perceber
apaga. Já não distingues
uma em duas, ou matéria
uma só, olhos, cristais,
por amor desses humores

[ATA]

a fluir rios inteiros
abolindo todas pontes
e distâncias enfim não
do aço até o peixe essa fome.

15

O presente dela, fonte,
apagado, sobra apenas
vestígio, a maravilha
da tal luz que de lá vem,
um produto de detritos,
altera-se na seqüência —
os relâmpagos, são rios.
Qualquer insistência joga,
quando muito, ao primário
gozo, fogo de artifício.

16

Perdido o ponto final,
os lemas e estratagemas,
gira a roda mas sem eixo
ao redor de qualquer peça.
No fuso do falso raio
expõe-se a grande angular
do ver ao redor embaixo.
Esse enxergar compromete
as três dimensões, por vagas,
e seis ou sete albatrozes
da mesa da sala à lua.

[O OLHO DO CANÁRIO]

17

quanto ao prato sobre a mesa,
barco imóvel de maçãs,
laranjas mais outros frutos
num duro mar sem procela

quanto ao prato sobre a mesa,
ilha de inúmeras cores
sujas mudanças constantes
fazem a única intempérie

quanto ao prato sobre a mesa,
forma redonda bem simples
ao redor da qual os olhos —
fôrma branca do redondo

18

Sons se repartem em ocos,
abalam essa armadura
e voltam feito morcegos.
Ficam assim, vão e vêm,
são antenas, barbatanas
levadas ao vento e gris,
velas furadas, palavras
que o dedo jamais soletra
e os olhos nunca refazem.
Pois não podem acender
o entre a chama e o azeite.

19

É mais do que a cor vermelha
perfurada de vogais.
Nunca se entende na carne,

que transparece a couraça,
depois ignora o tutano.
Ficam rastros na paisagem,

um rosto ao sabor das águas.
Mas nada disso confere
a cor em seu movimento.

Nugas, dobras de cristal,
chuva guardada na pedra,
a luz dobrada, faíscas,

a chama fechada em copas
ou água cerrada em si
abre-se íris, no convém

caixa de brilhos se fecha
com os limites abertos,
ver um rio se enrolar

maduro. O meio-dia
cai de antigo e amarelo
rosto. Laranja à espreita.

20

A terra, argila, ondas
do feldspato ao granizo,
breves no final, idênticos
nessas mãos em que navegas.

Tantos ângulos de incógnita
impossíveis de dobrar,
nada propondo a ninguém
por debaixo mal-guardado

e por cima, guarda aberta.
Se algum escrito persiste
coalhado no mar da esquina
pouco importa, não avança

nem atrasa, usa espaço.

21

Desse espaço a sala testa
incerta presença do alvo.
Um rio transborda apenas
para lamber mesmas margens.
De igual maneira, a baba
sustenta o oco da boca.
Mais pesado do que a mão,
o lápis contorna a letra,
ponte sem vago, abrupto,
o vazio com vazio.
Não é passo, não é água,
e muito menos projétil
entre membranas eu falo.
Rio sem margens, talvez,
ou um convite à borracha.

22

Ilha flutuante paira
n'água e também pelo céu
pêndulo o próprio, oscila,
entretantos nada prende.
Ainda a linha teu olhar,
mais maleável embora
e pronta ao jogo das águas

[ATA]

indo solta na atmosfera,
rompe-se, de pronto perde
o seu poder de pegada.
Propõe o meteorito
após o brilho quadrado,
flor limpa de haste o calhau
que algumas pernas estende.

23

Lua, pesada, sem haste,
vezes adaga, croissent,
ou fechada feito um olho
mas não se vê a iminente
pronta a abrir o amarelo
crustáceo por que navegas.

24

Dentro de toda redoma
guarda-se muito de pouco.
Exposição diferente
a grátis clara na areia,
ou transparência presente.
Pensa-se alguma palavra
tida como tal e mais,
o mais de um vazio avaro.
O mais do zero na esquerda,
negativo sol. Amplia-se.

* * *

Casa das máquinas

[O OLHO DO CANÁRIO]

Passagem para o Nilo dos retábulos,
mergulho neste mar azul tinieblas:
polvos as próprias pernas regurgitam
disfarçados em tintas ton sur ton,
arbustos já sem chamas, tumbleweeds,
remoer de fumaças, mas capazes
de fazer destas águas algum vidro
aberto ao repassar, são levagantes,
cada mover-se busca negação
e reconfirma jogo o risco pleno.
Fonte, setas suspensas, rocha e vôo,
o vermelho desdobra, rompe o sépia.

*

Alvo à caça de logros, o palácio
se arma com a minúcia mais crustácea,
sendo próprio um crustáceo em viagem
guardado no aranzel, as refrações.
A intenção nuns vermelhos se conforma,
paleta aberta, asas alternadas,
o desenho xadrez branco nem preto
que tenta copiar aquele som
antes do azul, produto que sem química.
Porém se sabe imposição do rubro.

*

Então quebra, fuligem, simulacros,
matéria para espelho trabalhada:
entrelinha, bilhete com resposta,

[ATA]

palheiro mais agulha, voz incerta
pela qual o olho vivo todo artrópode
ilumina o barrento mais antenas
na entrelinha da fala, a caçar
a música, os acordes os artrópodes
cujas patas beliscam carne velha
e ofertam, cerimônia tão mais manca
quando um sorriso, a lua se coloca
sobre as cores, uns ossos, as pirâmides.

*

Há conversas, ruídos, vêm no fora,
verbo menos acentos, os diacríticos,
fazer e desfazer, palavras soltas,
jogo de exações, cálculo por runas
— uma tela se põe toda ela aranha
e sombra entre rochedo e falso rio.
Cardumes, multidão, brilhos escamas
demonstram o baleno contrafeito,
mas mesmo assim vazado pelos pássaros
capazes de levar, própria extensão,
as cores d'água para o céu, espelho,
vaso comunicante, louça não,
amarelos, azuis, brancos nenhuns.
Aqui se forma a tempesta em vogais,
a si mesma retorna, faz da reta
simulacro uma roda, choverá.

*

...x. x.   lua rara
nesta sala ancorada, à mercê,
gesto sem sol, isento, nem os claros,
pronto entretanto na asa desta chama
a convocar as forças praticadas

[O OLHO DO CANÁRIO]

por mãos, os fósforos, garras no breu,
brincam porquês, a falsa flor, o lume.

*

Prisma nenhum aberto, só mais noite
nas páginas o livro, somam pouco
nesse instante, uma pálpebra que dobra
o rastro dos dervixes sem registro,
dança em farrapos, cheiro de temperos,
fumaça, tabaqueira, borda a noite
pelo canto o bazar em pleno Cairo.
Por concreto o mercado desenlaça
e com isso, moinho todo em ar,
sumindo trapos os dervixes fluem.
Nenhum papel registra a maravilha:
faz manhã, o mercado volta à tona.
Seja o mover-se morno bem veludo,
velha revelha história, a pechincha.

*

Esse rebanho nem raiz perdoa.
Qual rebanho, só o bode vai ali,
ventas boquiabertas suga e masca.
Água e relva abolidas numa fome.
O velho encara o bode sem raízes,
pela areia os dois seguem tão aéreos.
Do seu último gado ele retira
penúltima versão, fazer a rosa,
útil desdobrar de insetos, vazio
a se expandir silêncio uma conversa
ou grama, sim, é grama se alastrando
para gáudio do bode. Faltam cabras.

[ATA]

Alimentar-se resta por inútil,
depois servir de pão aos gafanhotos,
esse rebanho nem raiz perdoa.

*

Festejam as libélulas, se quando
em fevereiro fazem os telhados
mares, cardumes, nugas em vermelho,
bacias cheias de luz, caravelas
acesas se desenham no flagrante
delito cometido por insetos,
entenda-se o fazer um uso torto
para o vago sem ave, só libélulas
capazes deste espanto, desta tarde.

*

Entre os desvãos, o gesto sem retorno,
desenho só cor, prismas, omoplatas,
frustrada ausência as asas, mais o vôo,
sabendo magas falcatruas. Barcos
porém impróprios à navegação
na inércia desta mesa vão perfeitos,
remos, trirremes, faltam os escritos
que se confundem com o ovo, sovela,
ou que portais e fêmeas anunciam
entre os desvãos o gesto sem espelho
prestes a colocar a mão no vidro
e palmilhar cadeias, estilhaços
antes, também depois desta leitura.

*

[O OLHO DO CANÁRIO]

Caminhar sob o peso das aranhas,
elas próprias sustentam uma quilha,
avança estática no grau da sala.
A teia cai, a aranha se remói,
presa também da pista feita em gotas,
se desfeita não fica nem aranha
quanto mais céu no canto desta sala.

*

Antes, também depois desta feitura,
um ponto se distingue nesta mesa
ausente mesmo desta mesa ou outra,
brota no olho da mosca, esta aquela,
sem desenhar navios, sequer pássaros,
poderá, flor hipótese, crescer
talvez com algum toque por veneno,
o alcance da pupila numa estrela
vulnerável à palma o toque nu.

*

Manorama montado pelos dedos
em quantas descrições deste cachimbo
se possíveis nos livros, nas gravuras,
das quais este cachimbo fica fora.
Um cachimbo cachimbo, mas porém
mais fumaça decerto que cachimbo.
Não fumaça da pura, que é sem barcos,
trânsito livre da mesa até a lua —
que nem mesmo se sabe de distância.
No seu forno se mexem desinências,
insistente fumaça, texto alheio
pelo qual nas volutas mosca em brasa.

*

[ATA]

Um animal se brinca sobre a mesa,
acabado, disforme, mesmo sem
qualquer indício, pista mais paisagem
onde se acha, também onde se inscreve.
Desdobra-se em papel, alguns retângulos,
quando quebram não há volta possível.
Se queres a sucata renuncia
a nenhuma qualquer coisa completa.
Precoce permanece, já ruína,
feito escamas é peixe já serpente
e mais serpente, pelo natural
em que se faz a troca do envelope,
a casca antiga relegada ao asco
sem nada ter que a preencha, serventia
nem mesmo para bico — os abutres
em branco sobre o vidro assinatura.

*

Muito embora o amuleto na parede
conte mais de tijolos, argamassa,
do que as mãos delicadas do pedreiro.
As mãos, elas fizeram esta sala,
sem saber o motivo e movimento
em cada peça nova colocada,
um atestado solto no presente,
barco pronto a zarpar, mas se percebe,
os remos faltam sem comando e voz.

*

Da sala ao quarto um quadro tão veloz
e no entanto fazendo totalmente
o universo perfeito, são esquinas.
Tema que aqui se anota por sinal

[O OLHO DO CANÁRIO]

neste mapa exclusivo, que doméstico,
mostra portas difíceis, sem saída,
apenas corredores percorridos
tantas vezes, os giros, a laranja
em si mesma armadilha, bichos novos.
O globo se desfaz, alguns dourados
ferros num sempre torto construir,
seja o sabor ou este emaranhado
da sala ao quarto, quadro tão veloz
entre notas: a mosca pela sala.

*

A borboleta, traça na antevéspera,
espera num casulo o remexer,
as cores, elas vão fazer o vôo
daquelas brasas inda na paleta.
As aves cabem todas numa cor,
os rios fazem sempre a mesma volta,
as ruas são degraus, não para a lua,
o gesto quando parte, feito sóis,
as algemas no pulso astral de Câncer.

*

São lendas e parlendas, boi dormir,
o mesmo boi que arrasta alguns planetas
ao mover a cabeça, mais os olhos
abertos para o espaço que é contido
num ponto sempre móvel, essa mosca,
com música em esfera toda própria.
Curto brilho sonoro ao meio-dia
imobiliza o boi, é tanta luz.

*

[ATA]

Os olhos caem, se faz noite outra vez,
planetas vêm cobrar o seu presente.
Mira, ervas aguardam transcendência
no ruminar, são mirábiles monstros,
máquinas de fazer voltar o círculo
ao previsto momento, este ciclâmen,
olhos em tintas refazendo a luz
pulverizada em lâminas e lã.

*

A mosca insiste, mais de uma, são frege
moscas azuis ou misturar as tintas
em que o comum, o branco se resolve.
Ela ou elas instalam a paisagem
ausente nuns mil olhos delas outras.
O acaso vale não pelo guardado,
as garrafas, os práticos menires
eufemismos, os grifos retorcidos
despencam dos portais, embora pedra,
estendem-se no chão, penugem cinza,
ardósia em pó, nem céu, gargantas moucas.
Surgirá: dentro delas regurgito,
ou em lugar de fetos sempre o fóssil —
emergem os menires, cerimônia
e fala, construir muros em vez,
espelhados no giro dessa loisa
que passa de cristal a cor e cor
se dividindo em lâminas, vão cores
com cada qual valor, peso e pronúncia,
alguma esfera solta dedilhada
por algo clavicórdio muito claro,
muito claro porém não se confessa.

*

[O OLHO DO CANÁRIO]

Azeitado dizer, o mecanismo,
basta encarar o sol, já se percebe.
O sol, ele também gosma e mastiga
o transferir-se ao roxo, uma orquídea:
pernas vãs, alicate, rendilhado
metal se abrindo em coita, taturana
a deslizar em seu fluxo só chama.
Filete nura lava se desprende,
um dos pólos da lua, se vermelho
misturado ao escuro, alguma casca
onde grifos retorcem as bicancas
e as garras moucas, luz, porém são cinza
com só provar o gosto desse rio,
contínuo refluir a lua cheia.

*

Ao longo a taturana se exercita
no espasmo que a maré, uma farfalla
ao som mil cravos roxos, esta aranha,
cursos vermelhos nas amarras, pontos,
qual, se desfeitos são flores, são mãos
no uróboru do zero, posto um cofre,
passagem para o rito, teu espectro
dobrado na paisagem sempre fora:
o olho escorre pelo rosto, um ovo
se partiu, fica a vista, o que sobra.
As peças desta casa mais que mudas
no discurso só delas oferendas.
A bilha, não Agar, depois da chuva,
segreda a sede contida na areia.

*

[215]

[ATA]

As areias só explicam esses mares
com a conversa muda e permanente,
os pontos amarrados que chamamos
subtexto da raiz, logo o deserto
tem o céu pela base, talvez o ar
trançado por aranhas bailarinas:
ao circular quem o sabe evoluem
as palavras silêncios pela sala,
semântica, objetos, são natura,
testemunha, as facas na cozinha
perplexas, inocentes, alinhadas,
à espera, algum fruto ou coração.
Mas não há apenas facas na cozinha,
há pratos, garfos, pretextos, dispor,
tudo pronto para o uso contra o mármore,
ordem particular, universal.
Somente praticá-los, garantia
numa sobrevivência, talvez duas
testemunhas: as facas na cozinha
à espera de um repolho ou beringela,
dizeres vegetais: o coração.

*

A batata, maçã feita só terra,
lactose cogulada em amarelos.
É parente distante da laranja
pela reserva com que guarda o tom,
maciço cerne pronto para o sol.
No entanto ela se fecha toda em ouro,
um pulsar latejando colibris
e não nega o explosivo, a metástase,
semente brotadora, outros vivos.

*

[O OLHO DO CANÁRIO]

Montemos as colunas com senões,
no plano desta mesa faz-se o templo
e se espalha ao redor uma floresta,
estilos dóricos, coríntios, simples
o contrapor traçados, vê-se um cão,
o desenho enquadrado num isósceles.
Montemos as colunas com senões,
o alforje ficará no meio delas
até a vinda dos bárbaros, virão.

*

(Se pensarmos libélulas e moscas
teremos entender os monumentos,
estrutura talvez o levagante —
expor-se monumento, porém vivo
e delicadamente monstruoso:
se irrompe das cavernas, ilumina
com sua luz mais forte, a presença,
conjugue-se portanto pelo mesmo
um ficar dentro, furna dos relâmpagos,
esse explicar-se luz pelo convulso,
as coisas mal guardadas esperando,
tentáculos, tenazes, o vermelho,
a cor que é negativo da armadura —
as farpas espreitando dentro a treva.
Libélulas e moscas, repensemos,
escrevem levagantes pelo ar.
Apenas não sabemos que libélulas
ou que moscas usadas, mera tinta.
A mão do polvo esconde atrás o sol,
disfarce luminoso para o sépia.
Chove sépia na página, dobremos.

*

[ATA]

Onde se acende o isqueiro numa pedra
sem mão de homem, só o fogo, os escuros,
por faltar o raio brinca-se o fósforo,
depois conversaremos reticências.
O vento leva o fogo, mão e chama
se recolhem, mas áspide em ação
o corisco prova à treva selvaggia
que se derrete com mais força flui.
Água não será, fogo escuro só,
a língua vibra runas sem reduto
e qualquer dicionário nos reduz
ao antes desta página em preparo,
só a página, digamos de passagem,
ela no amálgama por brancos fala
não palavras, assomam os vermelhos
guardados num espelho que de fora.

COLORES SIGUIENTES

[Colores siguientes]

La descripción de la noche
empieza con los rumores
de una tarde o de colores
grises, amarillos, verdes
dentro el verde, las violetas
entre ráfagas, los blancos.
Lluvia hacedora, timbre,
tinieblas, cristal corriente.

* * *

Hoy por la tarde,
ritual de aparecidos,
cadenas,
tinieblas alrededor
del sol,
faena en campo blanco
                    y
esta aislada inscripción
la noche,
criatura plástica.

* * *

[Colores siguientes]

CLAROSCURO

El pájaro trabaja
en lo oculto del aire.
Sus vuelos inconclusos
son círculos, por cierto,
pero de media luna.

* * *

[ATA]

El niño dibujaba
miles de fiestas, página
abierta. O su mano:
los cuernos, lunaretes,
contra todos colores,
imposición del cuerpo
enorme de la noche.

Dibujaba y borraba
hasta todos colores —
blanco apagar el toro.

* * *

[Colores siguientes]

Hay un motivo claro
para la mano, pez
que nos lleva adelante.
No sabemos el camino
ni los rumbos; las cosas
están donde están
con sus motivos claros.

* * *

[ATA]

Son hechos de arena:
flexibilidad,
mano y corazón.

El pájaro luna
en azul presente.

* * *

[Colores siguientes]

Conversación
entre mar y roca
cuando la piedra
muestra el color
de inciertas flores,
un ojo, sí, pero
en sí no refleja:
es propiamente
abrir de matices,
instintos del agua,
latir de molusco
dentro todo sol.

* * *

[ATA]

Un hombre camina
y abajo la sombra
también va, camina
por calles, muebles
y flores descifra,
conoce detalles
entre mano y letra
hasta el mediodía,
cuando dentro espejo.

Resta el hombre
sombra.

* * *

[Colores siguientes]

FIESTA BRAVA

No le pasa argentinamente
que Borges tiene un agujero
blanco para los ojos ciegos
y otros modos de la ceguera:

del negro la dominación
sobre el campo dorado, tigre
en su presencia invisible,
el toro sabe que nosotros

sí, nosotros, los metafísicos.

* * *

DIBUJO

Manzana, corazón
en blanco dibujada.

Rosas, plaza de toros,
frutos, plaza mayor,
sombras del movimiento,
errores en la arena,
temblor, púas: florero.

Bajo arena las torres,
horizontes, bermejas.

* * *

[Colores siguientes]

Acequia cuando río,
movimiento de estrella.
Ya no hay, es luz muerta,
flor que estaba, no, hay,
lago abierto, parado,
todavía hace fuentes,
ojo despierto, rayos,
manos que hacen la tierra.
Naranja para el sol.
Cristal, el árbol, agua.

* * *

[ATA]

Años después,
esa sonrisa
será sorpresa
de alguien que no.
Que todavía
era una ausencia.
Pero los labios,
la mano al fondo,
los montes claros
y las maretas
son la presencia.

* * *

[Colores siguientes]

La playa llegará
sencilla en el vuelo
de la mano a la mesa.

Tras el gesto también
vienen los arenales
y esta presencia torpe
de dos o tres langostas.

Es cierto, no estamos ya
en el plano conjunto
de agua, viento, rocas.

El vuelo de la mano,
seguirlo más allá.
Pero abajo hay aguas
rellenas, sus insectos.

* * *

[ATA]

Despliegue en el aire
y luna en las manos
y Lola hasta cielos,
son manos de luna —
ciclos. Van y vienen
por la sala, fósforos,
cielos hay. Y las
manos lluvia, Lola,
castañuelas doble
paso cuatro lunas.

* * *

[Colores siguientes]

ESPAÑOLAZO

Es un golpe de cuerpo
dado pleno en el aire,
sin espada ni ropa
de luces, solamente
lo que resta, no sombra —
el fuego contra el fuego,
sol contra mediodía.
El estoque se fue,
el capote, lo mismo.
En sí misma, la arena
hace eco de los vientos.

* * *

[ATA]

Con su cante, el flamenco
habla fiesta de asperezas
en agudos de cuchillo.

El cante, charla, tablao,
es cosa sólo de macho
que redondea en el baile

de manos y giramanos.
Entre manos y tacones
sólo hay cosa de hembras.

El cante corta y penetra,
sucesión de grecos ayes
entre chiflares y seda.

Capeo, acero, arena,
la rosa hila a sí misma,
escrito ramos, puntilla.

* * *

[Colores siguientes]

Las manos, o párpados
de la luna, doble
movimiento noche
y día bajo astros
siempre terciopelo
hecho de cristales.
Hielo, agua y luz,
o rostros de luna.
Listos en el aire,
esbozo en papel.

* * *

[ATA]

Bajo el agua sigue
ese toro líquido

como la luz navega,
dentro de la piedra
hasta que
          cenit.

Bajo el agua — fijo —
brillante carbón.

         * * *

[Colores siguientes]

La mesa tiene horizontes —

cuatro diferentemente
de la tierra que, redonda,
empieza y también concluye,
en sí misma, una parábola.

Con sus ángulos la mesa
sufre luces paralelas.

* * *

[ATA]

Manzanas verde y blanco,
los frutos y mantel.
Hay esa voluntad
expuesta en una mesa
larga para las hambres
de algunas manos, pájaros,
pájaros que lo sepan
blanco por azul, fuera,
hasta escribir nuevos
verde y blanco, manzanas.

* * *

[Colores siguientes]

En la mesa tenemos
la proposición
del pantógrafo inmóvil.

La naranja, o mano,
expresiones del ojo,
objeto más sujeto

no del ojo que mira,
sí de esa pronta máquina
que expone la medida

dentro, plano a nivel
(o línea caracol)
fuera, pero dentro

de la inmovilidad.

* * *

[ATA]

El guante sobre la silla
enseña con ese estar
lección de disonancias
entre estrellas, mediodía,

y la mano, olvidado
un movimiento sin blanco,
el guante no habla, se hace
negra pista hasta la nada.

* * *

[Colores siguientes]

La silla es eterna.
De alguien todavía,
que la transformó
de madera en silla,
o que utilizó
su servicio simple,
no resta quizás
la sombra en la tierra,
elemento plano,
comedor de tintas.

* * *

[ATA]

Lo que baja desde el cielo
hasta la mesa en esta sala.

Lluvia de tantos intocables,
parpadeo de algunos dioses.

Lo que baja desde el cielo,
lluvia de pájaros inmóviles.

Pronto negro y planta se ponen
ojos de los dioses, verlos.

* * *

[Colores siguientes]

Por la noche, no más,
caminan y caminan.

Dentro de las paredes,
el fondo de los ríos.

Caminan y caminan
hasta el día, frontera.

Bajo luz, el trazado
de la noche disponen

para que entonces sigan
por el camino, sigan,

perros ciegos sin tiempo.

* * *

[ATA]

Tres calles abiertas,
un grito de azul.

Hay campos de claros
verdes, amarillos.

La tierra es espejo —
colores correosos.

Lo blanco, del hueso
carne, la palabra.

Y sobre la mesa,
el pájaro sal.

Sonidos de plata,
vuelan castañetas.

Tablado sin manos,
el azul es luz:

luciente tiniebla.

* * *

[Colores siguientes]

Dentro de tantos grises
con tonos de amarillo —
más allá del fuego.

Cuchillos de Damasco
hablan lengua de oro.
Comprenderla, saber

la explicación colores
vasta, siempre plural
y simplemente azul.

Bailan.

* * *

[ATA]

Navegar colores grises,
descubrir cuatro contrastes
en mano de yeso y plomo.
Cielo mar de las nubes,
monstruos y naves son
a un tiempo sólo uno
gesto sin contradicción,
todas las direcciones
a nivel, en plana mesa,
es leer los pedernales
o luna por la mañana.

* * *

[Colores siguientes]

Míralos que siguen,
rebaño de piedras.

Viejas mutaciones,
piel de las cañadas.

Inmóvil del viento,
molinos navegan.

* * *

CÓRDOBA, BEN MAIMÓN

La palabra fondear
no es recuerdo, no es
descifrar océanos. Fondo.
Miremos alrededor
en ese círculo extremo.
Hasta la cal parpadea
en su versión del fondeo.
Estocadas de la luz.

* * *

BODEGÓN

Botellas blancas
sí, en el canto.
Las azoteas
blancas afuera,
blancas, son plata,
blanca botella,
el amarillo
se va luciendo
hasta la miel
con sus agujas
alrededor
y por un dentro
el sol, la copa
que sí, potable.

* * *

[ATA]

En Sevilla hay
suerte de cristal
en una palabra —
o Guadalquivir.
Que lengua serpiente
va. Y horizontal
sol, tan singular
presencia plural
sí, es escribir,
manchar amarillos.

* * *

[Colores siguientes]

La lluvia y las retamas
a mi derecha se van
por el aire, un viaje
sin temblores, vuelo puro.
Pero tiemblan en mis ojos,
¿o son mis ojos que tiemblan
de naufragios color oro?

* * *

[ATA]

Las casas son blancas,
el cielo más blanco
y el campo más
más blanco.

Les falta presencia —
situación de cosa
en libro abierto.

Hasta que la mar
o alas de cigüeña
llegue con los vientos

y explique la cal,
sol del mediodía —
colores siguientes:

* * *

[Colores siguientes]

Vertientes amarillas
de toda explosión

se hunden
en la luz.

Vértigo del sol
el ojo se calla.

* * *

[ATA]

Amplia fiesta brava,
vista muchedumbre,
ojo y en su dentro
todo se hace uno.

Estrellas, las manos
encienden la arena
o sol en pedazos:
el blanco en la luna.

* * *

CONTAR A ROMÃ

PRÁTICAS VERMELHAS

Corpo e cores se espalhassem
nas linhas, cartografia
aberta ao deserto deste

mar circunscrito na esfera.
Aranhas presas no vento
o avançar apenas mostram

da mão do artífice, se abrem
pela página da tela
as armadilhas, os sóis.

*

Próprio uma planta de cal,
efeito de olho que vaza
ou a bandeja com frutas.

No modo de estar se exibe
em movimentos de lã,
fermento, trama da cor.

Retalha-se a transparência
numas lâminas, escuro
sobre talvez uma face.

*

Passo a mais ou pelo menos
do quarto à lua se põe.
Embora o dia, montagem,

[ATA]

rede à sombra ou recolhida,
ver uma presa na tela.
Essa aranha feita chifres

sem trama para a saída.
Expansão total apenas
ver um fósforo apagando.

*

Depois será que caísse
chuva fora divergente,
as gotas, capacidade

de levar a própria luz
a todo qualquer espaço,
luz, forma de água no espaço.

Pluriágua, se rosácea
confeccionada estilhaços.
Ar no ar se movimenta.

*

Alguém expõe artifícios
numa natureza-morta.
O que resta nessa trama

por onde alguns caracóis
excluem palhetas e gestos
ou maçãs se desfazendo

[Contar a romã]

sob o sol numa bandeja.
Olho vidro de metal.
Solução para Narciso.

*

Único rumor possível
dentro desta algaravia,
contraste a qualquer alcácer

por prender no sem amarras
igual ao dente da serpe.
Basta aquele sibilar,

mesmo o sol pára seu curso,
a casa fica vazia.
O rio, milagre extático.

*

Ariadne, pois Sherazade
ou cada qual a seu modo,
pistas de baba, xerez.

Numa o enlear retroz,
em outra humor sotto voce
por onde os acham-se claros

e aracne, malha de espelhos,
o jogo sendo o palácio
sem paredes, absoluto.

*

[ATA]

A segunda é quem se lavra
solta malha, com a lábia,
enredos e ciciar —

bem capazes de estender
o que está no aguardo delas,
alguma areia, penélopes

dessa ampulheta difícil
sim, ampulheta sem vidro,
de nenhum oásis deserto.

*

Enquanto as gregas revoltam
que a armadilha lhes prolonga
vida anfíbia de vampiras

no porão prestes à mosca,
volátil flor da gaveta.
Essas tragédias concluem

o enrolar nas mesmas teias,
língua bífida de Delfos,
uma górgone só boca.

*

Número da perfeição,
até que se quebre o ovo
pela pletora do podre,

ali fermentam os sóis.
As teias só se entediam
até o esturro do touro,

[Contar a romã]

pergunta redonda, vírgula
em Creta, cidade-aquário.
Sair dentro da ampulheta.

*

As pequenas mariposas
deixam os furos do ar
e caem na rede por luz.

Engana-se quem pensar
que elas dançam, entre muros
saibam o sair em fuga

desses escorregadios
caminhos sem direção
a não ver um olho cego.

*

Da estante cai outro livro
que pegas, nada mais há
sob a luz, dona da sala.

O fio que vais percorrer
se rompe a cada momento
se posto visão do tigre.

Só se entende o equilibrista
com certo aval para a queda
no total cada palavra.

*

[ATA]

O tigre passeia claros
pela estrutura da treva,
ambas vive dimensões.

Suponhamos essa lua
um ovo que anoitecesse
à prestação, por acasos,

olho montado em rajados
cristais. Desenham os cujos,
cabeça de homem na fera.

*

O monstro, cortem ao meio,
esquartejem o estrupício
antes que algum ler-edita

o proponha permanente.
Questão a forma da fênix
não se dá no mesmo pássaro.

As muralhas se percorrem,
pedras poros construídas,
chocam alguns minotauros.

*

O freixo de espada à cinta
permanece tal e qual,
se não à vista, memória.

Igualmente na mão, tua,
a espada que só reduz
rasga o pergaminho à frente

[Contar a romã]

com relâmpagos, minúcias
no recortar bisturi
pedaços de papelão.

*

Juntar os retalhos vivos
em cima da mesa, chão
pronto a receber claveles

ou tradução, duplos cravos
que nascidos neste plano
se mostram vermelhos brancos

embora a soma de falhas,
enfarpelados rebordos.
Espuma uma espuma azul.

*

O erro de Ícaro vejamos
na rede sobre o altiplano
qual ante-sala do sol.

O exercício dos reflexos
encontráveis até mesmo
num jardim por ser barroco

a somar terra e zodíaco.
Para o filho do pedreiro
o labirinto no céu.

*

[ATA]

Cair é coisa de dentro,
ouçamos o construtor:
só dessa forma, quem sabe,

descobrirás um final.
O resto não são espaços,
são vazios que sem aspas

também podes enxergar.
Somente isto, olho d'água,
o abismo vai mais depois.

*

Escher falava por sáurios
com estrelas sob as patas.
Deixavam tocas prováveis

para exibição no globo
de cristal do desenhista,
antes que se desmanchassem

sáurios mastigando estrelas
num borrão todo escrever.
Azul, vermelho, amarelo.

*

O corpo, desenho em oito,
sustentado por tentáculos
com linhas se prolongando

nas espirais de retângulos
sem dimensão, campo plano
desenhado em proporções

[CONTAR A ROMÃ]

para receber o monstro
do qual só sai um caminho
que nele se recupera.

*

Parênteses vão no ar,
tenazes de caranguejo
nunca impossíveis à espreita.

Versão aquática, fluidos
cambiáveis por lunares,
quando se faz necessária

e contenção de um momento
no quadro, falso limite,
apenas pista na página.

*

O nome dessa região
armada nos altiplanos
onde o ar quase se anula

tal num porão contudo,
tenaz em volta, pulmões,
asma e o artificial

rito, o voar, travessia
desse lugar apelido
modo subjuntivo, nazca.

*

[ATA]

Cores representam cores,
vejamos o tom violeta
em variar, entre páginas.

Violeta, afiadíssima,
à boca não se permite,
consente-se apenas vidro,

surpresa ao toque reserva
de uma nova bricolagem,
cada ponto acorda em roxo.

*

Formigas brincam relógios,
outras delas fazem sal.
Estas mimam as abelhas

aquelas rompem os rios
com a proposta do lago.
Um lago apenas vazasse

da contraluz, pergaminho
permitindo-se prever
o palimpsesto até o breu.

*

Dentro dela, da cegueira,
ocorre expansão das sarças.
Paisagem escura, gelos.

Aparece um colibri,
por escorpião a cabeça,
modelo um tanto a propósito,

[CONTAR A ROMÃ]

pronto ao sabor dos calhaus,
também líquidos, se fluem.
Aves em chamas clareiam.

*

Desenrolar o aranzel
guardado em livro qualquer,
caminhar pela extensão

do inseto linhas de Nazca,
tatuagem posta na pele
da matéria, nome terra.

Para onde seguem, pergunta
o desenho em cada letra
pelo sentido da fala.

*

Esta paisagem, quem sabe,
só de janelas perfeitas
na simetria dos ângulos.

Não recortes em paredes,
sim espaços em espaços,
um refletir de alinhavos

semelhantes ao da rosa,
diferente geografia
que de longe ilha se mostra.

*

[ATA]

Seriam colares feito olhos,
miçangas em miribrilhos,
explosões hipotenusas

a galope pelos vastos
contidos em cada gota
atenta ao que vai por fora

no centro de cada gota,
armadura num reflexo
prestes ao som, escarlate.

*

O passar de cor em cor,
o verter da cor suor.
Um traço sem solução

em ponto jamais, o vago
ali sempre se percebe
antes de ser percebido.

Sucata podes chamar
à falta de outro melhor
em que no igual se repõe.

*

Cabeças, se remontagem,
todas elas desconformam
o perfil oval e mero.

Pelo inconcluso riscado,
quem nega a mira dispersa
nesta bolha vegetal

[Contar a romã]

entrefechada, desfolhas,
à primeira vista morta,
o desligado trabalho

*

de relojoeiro contrário:
retirar o grão, distraído,
pétala por folha, pétala

a flor torta, este repolho.
Desdobrar o ruído em luz
que na sombra ela trefila.

Um nó cego na paisagem,
a rosa rosa o vazio,
suas vertentes, seus mares.

*

A compacta liquidez
elimina qualquer rastro
seja no ar ou na água,

os movimentos reflexos
em rima vermelha e luz
denunciam os tentáculos

escorrendo feito baba.
Uma chuva não visível,
palpável voracidade.

*

[ATA]

Insetos oito, formato,
espiral do precipício
o dentrofora, vertigem

ou mergulho no repente
enquanto a rosa prossegue
em seu trabalho terrestre —

onde estar de qualquer vôo.
Testemunhas são os pássaros
mais dois peixes boquiabertos.

* * *

EXPOSIÇÕES

O olho faz da sala
propósito, cores
e linhas, os pássaros
à espera na cal
deste dia, prestes
ao guardar do gesto,
um desenho solto
ou função da luz.

*

Um objeto posto
em função é lua
por faltar a cor.

Os azuis virão
com fúcsia e carne,
roxo mais vermelho.

As farpas comuns
também são reflexo:
basta o movimento.

Súbito iluminam.

*

Mesa, a cadeira,
esses alguns, quadros
celebram pequena
caixa de Damasco,

[ATA]

repentino sol —

trabalham as rimas
de linhas e dobras
como de uma rosa

prática, as pétalas.

*

A gente se move
pelo labirinto
a sala, objetos,
sem fazer a conta.

O cálculo embora
age pelo zênite,
permanece fruto.

A pêra vermelha
maçã nuns rubis
ou relógio aberto
ao passar e curvas.

O pulsar tão flor
tal frase perfeita-
mente inexplicável
não aqui, Ulân
Bátor se refere.

*

[Contar a romã]

Percorrer os ângulos
palmo a palmo feitos
no raso do olhar
nu igual um osso
mal posto em sossego.

Branco sobre sépia,
areia à deriva
com a carga fixa.

O olho apalpa, mas
emperra nas dunas,
dentro de uma delas.

*

Lago, a lua vaza
bichos moles, fluem
pelos cantos, seguem
peso próprio, luz
desenhada em aros
suspensos nos ângulos,

proposta de ovais.
Os crustáceos brancos
guardam as paredes,
pesadas vogais
sobre as consoantes —

de garra até garra
a teia propõe
a si própria espelho
isento sem brilho.

[ATA]

Toda carapaça
enreda o vazio.

Decápode, fágica.

*

Degraus, uma ausência
entre outras exposta.
Não subir, tampouco
descer, deslizar
que se desenrosca
nele mesmo, chama
montada em si própria,
mar aos regurgitos
num estar lagosta.
Apenas um bicho
de concha, redondo
dente todo exposto.

*

Coloca-se nada
se oculta no centro
até a hora cheia
em que se dá o ato.
Os insetos fazem
um novo desenho:
evitam o tempo
desse acontecer
aqui, tão presente
à mostra, contraste
o apagar no breu.

*

[Contar a romã]

Horizonte feito,
caos que repõe
tais imagens, brilho
no fazer metal
— extracor o sol.
Estar entre pétalas,
nuances, os breus.

*

Por exemplo escuro
não há pela música
nem pelas paredes
traço e condomínio.

Nem brota da máscara
pingente vão nugas
vazadas em rubro.

Assim quem as fúcsias
não estão aqui
esplendem portanto.

*

O tempo mais cheiro
são chuva em surdina
abrindo esta sala.

Se agora é dezembro,
bichos disponíveis
cumprem a missão
em escrivaninhas
ou pelos telhados.
Com unhas, ruídos,

[ATA]

descobrem vermelhos
jeitos de subir
à noite e descer
na luz vegetal.

*

Excessos da vista,
o que não está:
caminhar os ângulos,
forçar os tijolos
(existe essa máquina
de entreter estrelas).

Das duas paredes
uma borboleta
em súbito vôo,
não limpa, é cor

no sujo esses olhos.

*

São sempre tardios
os gestos, confundem
sempre outros proêmios
postos em pletora
aqui, nesta mão.

Montar outra frase
com esses pedaços
sobre o que não há.

Insiste entretanto.

*

[Contar a romã]

Situação alfa
clareando uma rua
talvez Ulân Bátor.
Na próxima esquina,
dentro a mesma casa
pronta, pedra e musgo,
algumas vertentes
suspensas aqui.
Elas vão, repõem
o próprio do vento,
os rastros nas folhas.

O embora possível
da fluência bordô:
viés, convergir
a gota de vinho.

*

Quem jamais esteve
naquela cadeira

à espera do almoço,
nem viu esses quadros

— escadas ao sol,

a máquina antiga
de prender palavras,
idem ela intacto
presente apesar:
potência taurina,
luminosa espera.

*

[ATA]

Construir silêncios
deixando o piano
contido em si, mesmo.

Estar sem caneta,
papel, tinta e fala,
também é fazer.

Vejamos a mesa:
os olhos desenham
as linhas, os ângulos,
um objeto vezes
inédito, verbo.

Deixemos a sala,
ela permanece
estojo da lua.

*

Alguém traz agora
com louça na voz
presença de fúcsias.

Pendem pelos cantos,
enfestam o chão,
deslizam uns bichos.
Sobretons os roxos,
o verde é um insulto e
rosas, desagravo,
produto de mesmas
pancolores fúcsias.

*

[Contar a romã]

Começam presenças,
ainda não pessoas.
São braços mais ombros
avulsos, os dorsos,
mãos, tremor só dentes,
e no entanto voltam
sem bem ter chegado
à lanugem, algas
soltas labaredas
que, caracoladas,
revolvem escuros.

*

Ensaiar os práticos
menires, as mesas
postas à mercê
de quem ao chegar
comete ousadias.
Por exemplo, olho
nu voltado para
esta mesma rosa
colocada agora
numa vista, ampla
curva por ser única
e novo contrário
a reta sem volta
prática entretanto.

*

O damasco, simples
quase feito esfera,
entretanto não
encontra-se aqui.

[ATA]

Está na fruteira
perto da cozinha
junto com maçãs
de cheiro promíscuo
pelo universal
daquilo que chama
claror, muitos lábios
desaguando barcos
no se abrir caqui.

*

O chão desenhado
enquanto retângulos —
aranha que sempre

geométrica jóia
expõe pelo escuro
armações do ar.

Não será o diamante
resultado falso
com peso palpável

sobre a estrutura,
somatória feita
até o ponto cruz.

*

Pensam celebrar
maçãs na cidade
gostos triangulares
em modo redondo.

[CONTAR A ROMÃ]

A bandeja posta
age com espanto
de mão ao propor:
no centro coloca
a voz do azinhavre.

Festejar vermelhos
implica guardar
respeito e vinagre.

*

Os talheres fazem
o agir de uma fruta.
Ela se põe astro
assim decomposto
à disposição
e alcance da boca.

*

Nova, a poltrona
é dado possível
à luz apagada.
Experimentá-la
forma, um apenas
permitido quando.

(No escuro conjugam-se
insignificantes.)

*

A luz pode ser
objeto de medo
e nausear qual

[ATA]

inseto sabido
pelo conteúdo
de lama, de azul.

Terror concentrado
naquele abajur
que mostra não letras.

As palavras caem
avulsas na sombra.

*

Acordar será
conformar os olhos
ao redor comum,
ou constatação
de mesmo contrato,
contornar o fogo
de onde a treva pronta
dentro do abajur.

*

Velázquez supõe
presença constante
do se pôr à frente
de uma tela escura.

Ao grito andaluz
ele impõe o corte
sob tom andaluso.

[Contar a romã]

O toureiro sempre
se colocará
pronto para o golpe.

Assim ficará,
prestes o relâmpago.

*

A sonoridade
das peças ou cobre
erguido na praça —
a conta do vento
reproduz os ramos.
As raízes na sala
absorvem os frutos
líquidos, a seiva
mais minuciosa
disso, o rumor.

*

O autor do retângulo
montado nas curvas
em seu funcionar
Rachmáninof, fixo
vaso, letra impressa.

Inventou a árvore
de metal sensível
a mínimos toques:
mercúrio suspenso
aberto em refolhos.

[ATA]

Responde no céu
aranha de tons
a mão do escultor.

O céu repentino
transborda o geométrico
de León Ferrari.

*

Batentes são cinco
molduras de nada.
Portas, se somassem,
apenas fariam
anular o passo,
extensão do muro,
artifício antigo
ou frase sabida
daqueles pedreiros.
Depois a propósito
a porta se abrisse
em passagem para
o não sendo o cão.

*

O explicar dos olhos
pelo flagrar cúmplice
de mãos simultâneas.

Rede no mosaico
do chão feito imagem
de nuvens, os comos.

[Contar a romã]

Resoluções nunca
prontas, ao favor
do crespo das águas.

*

Esferas de pedra
polidas à mão.
Em repouso a postos
na mesa, sinal
como navegar
por baixo das águas.
Sim, as produtoras
de outros sempre os olhos.

*

As tantas paredes,
somados os ângulos
desenham a rosa,
denúncia por flor,
à mostra, um simples
em si nesta sala.

No perfume dela
formarás o monstro,
carne, cores fora
do vaso, espelho
pétalas, algumas.

*

Toda tua sombra
remostra essa luz,
cor da arquitetura.

[ATA]

Ser o minotauro,
pronto negativo
das mesmas muralhas.

Sobre elas, a lua,
aqui vaso e flor
são excesso claro

ao qual já faltava
minha treva posta
não meu teu enredo

um sopro no sol

* * *

[Contar a romã]

O PALÁCIO DA FRONTEIRA
(OU GOLPES DE VISTA)

Anotação para uma hipótese de mapa

1

O Palácio, feudo do marquês da Fronteira: cavalos e flechas em campo branco, a maçã amadurece sem perspectiva, horizonte plano como céu noturno pintado numa tábua de mão única.

Pode-se tentar a prosimetria para percorrê-lo num esforço de traduzir, o que em si implica a construção da planta do já visto para o não lido e isso desmancha. Ou a maçã sem perspectiva.

Não se representa a maçã, há um movimento na tábua de mão única. Projeto para uma planta póstuma, o que resta ao póstero sendo isto /

> Bem fica o Palácio
> na fronteira sempre
> limite nenhum.
> Quais doges oculta
> atrás da fachada
> embora em Lisboa.
> Monumento feito
> em torno de um sopro,
> o sopro dos séculos
> dezessete ou oito,
> cenário e total
> lavra de visagens
> engenho, revela
> matérias, o mármore
> estrutura e pele.

[ATA]

Porque o mármore partido contém a cor de sua superfície tal qual a cor é a superfície, daí sua correspondência com o texto sem dentro nem fora apenas ele entrelimites ele mesmo se fazendo palácio e fronteira.

A fachada veneziana permite a escavação dos discursos num pretexto, o que fica tão claro no seu constituir cenário. Cenário no qual os personagens atuais já não o seriam, mas espectadores, parte da encenação tal qual o que ali se conta, um romance e como todo romance histórico daí seus limites não fossem os espectadores do qual o público visitante faz parte numa abrangência de um fantasmagórico implacável: ri-se de quem o fez? rimos do que danamos, imagens sobre imagens.

> Também deste tempo
> o papel de Bela
> pelos corredores,
> ao sol, sem cavalos,
> registro dos astros;
> Regina Chulam,
> autora de espiras,
> António e Fernanda
> a montar inéditas
> máquinas do ver —
> aquela pintora,
> os dois escultores;
> marquês Dom Fernando,
> portador da frase,
> quebrada insurgência
> por mínimo dado.
> Presença da hora
> mas já no Palácio.
> Sim estes, os vivos,
> sim eles a lenda.

[Contar a romã]

Bela, a guia, cabelos louros e enquanto fala três idiomas a fivela de mão única e grande do seu cinturão, presença texana de repente identificada no seu Algarve, reflete a quinquilharia posta em valor inestimável. Pois o que é uma quinquilharia se não a coisa sem o valor agregado reduzida a culto, mas cada uma dessas quinquilharias é tijolo ou golpe de ar flagrado na fivela do cinturão de Bela que mexe as mãos. Enquanto a tela pintada por Regina Chulam é opaca, cores preto e cinza, o vórtice, a espiral, o falso círculo, ou o círculo incompleto, aquele que nunca se fará, daí a incompletude posta no zero, pois o círculo não é a imagem do que se fecha, mas aberturas, espirais. António e Fernanda cozinham o ovo nos escombros:

> Resistem os dados
> e a escada uma idéia
> ao alcance do uso.
> Ficam não por sobra,
> a cadeira exemplo
> das potências aéreas
> com entalhes, curvas,
> mostra-se possível
> mutação idêntica
> nessas outras mãos
> mas tão impossíveis
> quanto as outras, antes,
> de acender a treva
> dos objetos, facho.
> Sejam azulejos,
> sejam mesmo as árvores
> — apesar da seiva
> reinam pelo inerte,
> impõem-se madeira.
> O triunfo das mãos
> ocorre nas chaves.
> Perdem-se depois
> no se abre da porta.

[ATA]

São eles os objetos que persistem.

O triunfo das mãos ocorre nas chaves, perdem-se depois no se abre da porta, isto é, as espirais entendidas como a forma importante do zero, do círculo, do ovo que lambuza as mãos de um amarelo translúcido e sol, mas apaga.

>A entrada na sala
>se faz com quebranto.
>Toda a maravilha
>está em exercício
>neste espaço aberto
>à vera aparência
>das coisas, dos homens,
>jogo apenas, brilho
>de mármore sobre
>nada, apenas cor
>que desmente a pedra,
>coloca-se bicho.

Ninguém fala da pedra pela pedra, mas da pedra pelo bicho: a serpente, o caracol, o ornitorrinco, qualquer bicho róseo e muito frágil, o interior exposto sendo o dentro e o fora agindo, o que só se vê nessas coisas todas, na quinquilharia agente dela mesma, intocável, corrigindo-se o texto pois que maior valor agregado elas as quinquilharias podem exibir do que postas em culto e nesse culto elas observam o desfilar dos fantasmas. Um a um eles abrem a boca uahoh significando assim seja. A mulher se diz da estirpe dos Mascarenhas, mas das Minas Gerais, Brasis, onde se buscava ouro para empanturrar a Europa até o ladrão, quando a boca do protomarquês se abre e a engole com um arroto de três séculos e um sorriso de menino gozoso, agregando-a aos valores de culto, acrescentando-a à cultura fina.

[Contar a romã]

      Contato de pedra
      e carne se proíbe
      nas grandes pirâmides.
      Tom universal
      repetido aqui,
      certamente não
      por conta da frágil
      textura das tintas,
      das louças, dos véus.
      A causa se explica
      pelo natural,
      a mão ao passar
      assombra essas coisas
      como assombra o lápis

hipotético que se utiliza aqui e nesse sentido pouco importa se escrevo ou inscrevo ou penso visto na prática aprendida dentro do Palácio a confirmação da frase daquele homem o pai segundo o qual tudo que se pensa existe, ecoado nos milênios por Parmênides e aqui pelo cenário que só se permite como tal e tal. Que crueldade pode estar oculta ou explícita nesse verso? A crueldade da coisa que permanece e prende e não permite saída só desvios dentro dela mesma, uma crueldade marmórea, uma crueldade lilás, de onde se conclui a poesia como prática de crueldade.

Mas o rio, a árvore, também não são? E o verde-cinza das oliveiras? Se chovesse a cor seria azul e púrpura, duas cores óbvias da crueldade. Mas Zenon, o experto em mafagafolias, também era ecoado destoando pelo homem aquele ao lado do fogo e do rio que é onde se repetem as arengas as curvas as retas: "Era uma vez uma árvore de mafagafos com oito mafagafinhos, quem os desmafagafizar bom desmafagafizador será." À pergunta o que é um mafagafo, esse fruto?, esse bicho? essefruto? essebicho? ele respondia repetindo a fala de Delfos. Mafagafo: fruta macia e apetitosa cheia de pêlos macios e apetitosos, cor-de-rosa tirante a lilás? Aquela

[ATA]

Mascarenhas devorada pelo mesmo? Mascarenhas, mascaranhas, uma teia de onde não se conclui todo diálogo é diálogo de mortos, fronteira sempre a

        capital do feudo
        entregue ao Marquês,
        título que oscila
        de sombra até sombra.
        Entidade vaga
        à espera dos próximos
        ombros sobre os quais.
        Honrar Dom Fernando,
        o nome da hora
        em seu aparente
        passar pelos móveis,
        pórticos, o salão
        estar sem estar.
        Propriamente extar.

Agora uma digressão, ou o trompe l'oeil, ou a tradução do olhar, ou o olho visto como tradução pois enfim não se trata de outra coisa. A tradução é entendida como transferência do sentido ou dos sentidos contidos numa frase de outro idioma para o mesmo, no sentido literal. De igual modo é o que se dá entre a vista e o olho este sendo a ferramenta para tal com a diferença de que a ferramenta no caso da tradução do poema para o poema é o idioma ou os idiomas à mão, isto é, ferramentas substituindo o olho ele próprio ferramenta assim como o lápis e a bola. Se ela não chover ficaremos igual, pois quando fodemos somos como a soma de todos em um reciprocamente, isto é, um lugar comum. Qualquer pessoa que vá a Quixeramobim tomará chá ao retornar, pois isso é natural dos que saem de Quixeramobim, sejam eles nativos ou forasteiros, no que têm a ver com os que deixam Saskatchewan dirigindo-se para Calgary e Edmonton, mas só para Edmonton e Calgary, ou de Kalamazoo para New Orleans e jamais o contrário e damos um brilho na premissa homessa. Diante de tais coincidências entende-se a janela e, conseqüentemente, o olho pode traduzi-la de estalo diante de um trompe l'oeil, de Delfos e do Palácio visto assim como a Casa da Mãe Joana: assim é a janela pintada jamais levará à paisagem caso alguém pule por ela e nenhum Romeu levará um tapa na boca do papo se depender dela pois a janela é fivela assim como o mafagafo e a pedra.

A janela ou impropriamente extar. O mármore rosa, a crueldade lilás,

> o globo à direita,
> lavratura em pórfiro,
> irradia os veios
> por todas paredes,
> cinema do imóvel
> armado em azuis,
> rosicler ao fundo,
> no barro, na base,
> a mão de Veneza,
> mas essa janela
> se quer mais janela.
> Paisagem que é vista.

E assim, olho-paisagem é que se vê tudo, o amontoar de quinquilharias a troco elas mesmas, as persistentes, as relíquias agregando os séculos como a esfinge mira o Saara, as línguas de Bela e o olho fivela enxergando-nos as quinquilharias de onde temos a frase num caleidoscópio, a coleção meticulosamente acrescentada seja a louça seja a pintura seja o clavicórdio seja o cristal seja o abajur seja a bengala seja o trono seja a poltrona seja o penico seja o caralho a quatro seja o tronco da araucária em extinção nos Brasis de origem e como se sabe a bolota do pinheiro explode em cristais
como uma frase explode claramente o telescópio é
o periscópio posto caleidoscópio
naquela fivela.

[ATA]

>Veremos jardins,
>os jogos florais,
>frutas condessas,
>os arcos, miradas
>paradas passando
>terceira parede
>recorte de vistas
>em verds a flux.
>Velázquez expõe,
>conjuga o velar
>da composição:
>amorfas Meninas,
>a síntese grande
>de todas as peças,
>conjunto de luzes
>filtradas, retinas
>ou raios cruzados
>no dentro no fora
>as quartas paredes

revistas em Velázquez, rigorosamente aquele que vela, com sua versão do mármore, a concretude da cor. Rigorosamente como este mapa sendo hipótese. A propósito de correspondências podemos ler um poema de Qorpo Santo (sendo a melhor passagem para entrar na própria residência a janela e não a porta principalmente com a ajuda de uma escada vista de um barco em movimento numa tarde fria e chuvosa), admirável pelo efeito acumulativo de quinquilharias interessantíssimas no qual temos o dito pelo não dito ou o olho pela janela e a janela pela paisagem e onde temos de situações a emoções e de coisas a loisas rigorosamente falando-se o mundo como imagens e diálogo de mortos postos em concretude. Primeiro, o mineral, o mineral, o animal, o mineral, num esquema de rima semântica aaba nos quatro primeiros versos do primeiro quarteto num poema escrito em quatro sílabas, sendo que a rima nos dois últimos versos são especialmente exclamativas, contando-se ainda o deslocamento do verbo de abertura que ecoa no fechamento e o pronome:

> Falam-se os montes,
> Falam-se as fontes,
> Falam-se as feras,
> Falam-se as pedras!
> — Todos se falam!

Depois, temos o animal, o animal, o animal, o objeto e a sempre exclamação nesta contabilidade (aaab):

> Falam-se os gatos,
> Falam-se os sapos,
> Falam-se as aves,
> Falam-se as traves!
> — Todos se falam!

Depois, temos um atributo, um aspecto humano, um elemento humano (com o possível tempo erótico) ou vegetal em tensão equiparando-os num coletivo floresta e água, pântano, como é a experiência do texto, o animal, o mineral implícito e o vegetal trabalhado, as gavelas numa seqüência abcb, mas sonoramente aabb, mais o acréscimo!:

> Falam-se os broncos,
> Falam-se os troncos,
> Falam-se os peixes,
> Falam-se os feixes!
> — Todos se falam!

E assim Qorpo Santo persegue com a sua falação, seu pandiálogo de correspondências incongruentes em doze estrofes tão rebordosas e sintéticas que permitem a leitura do poema todo, isto é, das doze estrofes de cinco versos cada, o que resulta num total de sessenta versos desdobrando-se uns dos outros num leque despetalado e chovendo sobre si mesmo, girassol abrangente em órbita pois a matemática do poema fica estabelecida na abertura e a abertura é o que se tem nada mais nada menos na perseguição dos fatores/fautores. Do poema todo porque bastam, sendo o restante confirmação visual do olho, ou seja, a versão verbal do trompe l'oeil a despeito.

Última estrofe:

>Falam-se os matos,
>Falam-se os ratos,
>Falam-se as flores,
>Falam-se as tigras!
>— Todos se falam!

Labirinto no qual a coisa e o bicho se falam mesma matéria posta em movimento e o ver é ação contínua junto com tudo o mais a falar nada se descola tudo se cola objeto e útil. Sem contar a teoria naturalística aí contida como estrutura de discurso sobre a qual a lua passeia cruelmente e todo diálogo é diálogo de mortos nisso incluindo o ato fálico,

>conquanto a miragem
>deste palco afeito
>a quaisquer miracoli
>refuncione cenas,
>as cores palpáveis
>em lábios palavras
>a caça da rosa
>se mostra no toque
>encarnado, prosa.

como é prosa o sono de Jacó e o sonho dele relatado caso contrário,
a escada pela qual os anjos, etc. entre céu e terra,
Jacó, proto El Greco subindo chamas e avenidas gritantes ida e volta-
volta e ida simultaneamente fosfórico,
um guarda-chuva que chovesse em vez de maneira coerente e não o
contrário:

                Entre se faz ilha,
                o quadro no fixo,
                esquina obrigando
                a volta em bemol.
                Na disposição
                de cores a face
                duplica-se ao toque.
                Nobre, ovalado,
                o gesto persiste
                de um ato, se faz
                mão, algo de chama
                no jeito, são olhos
                côncavos, tão prismas
                de terra os olhos,
                têmpera no aspecto
                cristal desta tela
                que prestes ao fogo.
                (Domenikos dom.)

[ATA]

Prosimetria, a palavra cai bem a propósito da hipótese de mapa, sendo que se deve lembrar também o aspecto.
Poema-fato reportagem?
No que, sobre gêneros, o entremez:

DUELO DE LA NARIZ
Y LA CARA

> *Yo te untaré mis obras con tocino*
> *o*
> *Érase un hombre a una nariz pegado*
>
> QUEVEDO

Una esquina de Madrid
con vino, si Valdepeñas —
no me vengas con jamón.

Una esquina de Madrid
mujeres, si Carmencitas —
no me vengas con jamón.

Una esquina de Madrid
sonrisa que vale un Val —
no me vengas con jamón.

Una esquina de Madrid
Quevedo trompazo en Góngora —
no me vengas con jamón.

Una esquina de Madrid
con vino de Valdepeñas
mujeres, si Carmencitas

[Contar a romã]

    sonrisa que vale peñas
    Quevedo trompa de Góngora,
    se cae borracho en la calle

    para pegarle la cara,
    nariz a un hombre pegada,
    alguien que lo entienda, perro...

    no me vengas con jamón

    *

    Balanço do císmico
    exposto no cômico
    do azulejo branco,
    coleção de cacos:
    guerreiros ingleses
    brandem os fuzis
    tal qual se tacapes
    contra os inimigos,

foi-se a munição, os comic strips as trincas reconta Bela, a fivela agindo, tornado de quinquilharias, após a glória do pau-de-fogo a volta necessária ao tacape, a extensão manca do braço porém mais dura mais forte mais eficaz para o fim proposto realizado num azulejo branco e desenho azul a fúria primordial ali lembrada como prova de que sempre se compõe a cena e essa recomposição implica a memória por certo
uma vez sem ela o registro torna-se algaravia,
mas devemos lembrar também é algaravia o fuzuê na fivela, até pelo fato de sua portadora ter origem no Algrb e na fivela o quê persiste sendo todo o Algarve precipitando-se para o Ocidente abrindo-se mar oceano inventando Índias e Áfricas graças ao prático tráfico de quinquilharias o brilho sangrento das quinquilharias estojo de rubis as sanguessugas. Então ocorre isto /

    igual Prometeu
    na farpa do abutre

[ATA]

A obra, se quisermos vê-la por lente isolada, remonta ao século 17. Ao longo do terremoto assiste não intacta (o trabalho da ruína, versão da borracha no papel, do corrigir rumo ao acabamento de ovo, sinal crustáceo das trincas?) no Largo de Benfica, número 1, Lisboa. O fazer-se do brinquedo, já que a quinquilharia se refaz tudo é possível, persistência colocada sobre a terra móvel, pois sendo Lisboa o epicentro, nada mais óbvio do que a instalação na fronteira aonde o céu foi trazido para o chão e a metamorfose das constelações espalhadas aí, isto é, o zodíaco ao alcance da curiosidade titilante dos dedos entre os ramos a vegetação o jardim visto do observatório, a loggia do telescópio caleidoscópico —

a biblioteca exposta cartapácio e pocket —

que também o Oriente é fatura lembrando-se a cada banquete com o real quebrava-se a louça desprodução mais produção das quinquilharias agora ornamentando o teto o céu em estilhaços:

> Quantos bricabraques
> aqui se acumulam,
> projeto de rosa
> ou pagode em chamas
> de arquiteto isentas,
> esta obra restante
> após o tremor.
> Mesmo Behemot
> olhar basilisco
> ficou cego diante,
> esteve em limites:
> dálias, araucária,
> oito palimpsestos
> guardados em branco
> frente ao mau ofício.
> Pôr em risco o olho

[CONTAR A ROMÃ]

>
> telescópio desta
> loggia para o céu,
> entanto o Zodíaco
> plantado no chão
> reflete intenções.
> Entre elas observas
> danações e júbilos
> de fazer, poiésis,
> matéria pra deuses,
> que em cacos os homens
> pretendem apenas
> voltar ao banquete
> com o mero rei.

o fazer que sendo o quê. *Y pues representasiones / es aquesta vida toda.* Ou? *Y pues representasiones / es aquesta vida toda?*:

> Portal da capela
> a mulher, à mão
> o seio oferenda
> ao sátiro, bode
> que ri com a mão
> no chifre terceiro.
> Ela se recolhe,
> mas ele se expande
> todo traço torto.
> Assim permanecem
> somente azulejo
> e como se falam.

"O certo é, que as obras sempre se parecem com seu Autor e fechando Deus todas as suas dentro em um círculo, não seria esta idéia natural, se não fora parecida à sua natureza", conforme o *Sermão do Ó*. "É glória singular do Reino de Portugal, que só ele entre todos os do mundo foi fundado e instituído por Deus. Bem sei que o Reino de Israel também foi feito por Deus, mas foi feito por Deus só permissivamente, e muito contra sua vontade, porque teimaram os Israelitas a ter Rei como as outras nações, porém o Reino de Portugal, quando Cristo o fundou e instituiu, aparecendo a el Rei (que ainda não o era) D. Afonso Henriques, a primeira palavra que lhe disse foi: *Volo*: quero", conforme o *Sermão de Santo Antonio*. Seria evidentemente apropriado voltar ao tema da máquina do mundo, como se falam. A vaga nominativa retorna à quinquilharia ou à coleção vista da fivela de Bela (que explica a impossibilidade do círculo não há, mas o tema por si só as espirais):

>Estátuas caem,
>calcanhar de Aquiles
>no metal impuro.
>Construídas de ar,
>quedariam no ar
>se bem, por acaso,
>há nesse mergulho
>talvez negação
>do salto suposto,
>vão para o sol caindo,

nada resiste à luz, enquanto o traço seguiria assim: contra o fundo de oliveiras do Largo de Benfica vê-se o Palácio da Fronteira, a fachada veneziana faz supor a presença de doges não em Veneza mas ali, fora ou confirmando o lugar deles, a cor avermelhada das tardes romanas tingindo a Ibéria de mais vermelho a grade, a mureta, vê-se uma parte do jardim decorado com os símbolos do Zodíaco olhando para a esquerda entrando pela direita e pela direita após a compra do ingresso a sala das publicações, a aparição de Bela antes da entrada no primeiro salão cuja parede ao fundo estampa o trompe l'oeil amplamente reduzindo possibilidades numa conversa cara a cara olho a olho e mais olho no olho olho-olho, os quadros, um do Greco, os retratos, os azulejos com a reprodução de Velázquez, o traço tosco avariado nem

[Contar a romã]

mesmo pela brisa mas pelo próprio branco um branco capaz de morder de tão quando os pedreiros seus ofícios se insinuam na capela, construtores de templos, construtores de ar onde as crianças, e zéfiro comete a crueldade da sutileza desapagando Velázquez, a gruta decorada com os cacos, o resto do jantar fidalgo e real, as escadas, o caminho para o jardim do Zodíaco enquanto pouco adiante, entrada interdita, há o bosque habitado pelo flagelo dos esquilos, translúcidos ao sol da tarde revelando a voracidade roendo o espaço, uma engrenagem esbranquiça os pequenos luminescentes engenhos passeando pelo muro e árvores, a casa dentro da qual mais fantasmas e o que não se vê dali, a ex-praça de touros dando para o ex-chiqueiro onde folheia e toma notas lembrando a loggia dos livros, das anotações, do telescópio, a vidraça, o céu tendo o Zodíaco aos pés que só a espiral e a ruína são completas no desacabar embarquemos.

> O Mar Tenebroso
> termina varado
> pela quilha pássaro.
> Mas o verde ameaça,
> confusão de escuros.
> Escorre uma gosma
> e conquista o ar.
> Tracemos limites
> com alvo no pássaro —
> que ele voe, insista
> até o fim do trato
> guardado em estrelas,
> gazal de artifícios.
> E o medo se inscreve
> na floresta presa
> redor do Palácio.

A floresta permanece ao redor, o mar se estende, as metamorfoses se fixam histriônicas, Báucis feita madeira na sua bem-aventurança como se falam, a

[ATA]

              A casa do Fresco
              seria ante-sala
              a própria do inferno.
              Imagens de fados
              seguram a abóbada,
              gemidos, desmaios,
              o vento não guarda.
              Seu sopro convexo
              ali se entretela
              desfeito, vazia
              cópia sem carbono.
              Mais que azul, azougue.

A gravura sobre a África mostra o açougue de carne humana e paródia conjuminante
Qualquer invenção é reflexo analítico sem mais aquela,
Inventando Áfricas constrói-se um espelho espasmódico uma vez que diz o taxista:

— O Palácio da Fronteira? Eis um bom lugar para se estudar o surrealismo!

              Ouro dos Brasis
              e o lenho de lei,
              fumaça que expele
              o riso de Antonio
              José, um judeu,
              ou flor das fogueiras
              remota brotando
              o bailar minuetos.
              A chuva de ferro
              reparte com dentes
              a tela tão limpa,
              só fina ferrugem.

[Contar a romã]

O relatório diz o seguinte: Antonio José da Silva viveu entre 1705 e 1739, tendo nascido na cidade do Rio de Janeiro, Brasis, seguindo com a família para Lisboa. Lê-se que sua mãe atraía pessoas para o judaísmo ancestral. Escreveu ótimas comédias. Uma trabalhadora de sua casa denunciou a família à inquisição, como é usual sempre alguém denuncia alguém conforme o fardo, no que muito se escreveu a respeito ele foi degolado pela tropa inquisitorial, esquartejado, queimado
como se falam!

A invenção da América,
com índios, pois não,
a feitura de Áfricas,
desmanche em pastel
por minúcia china
mais ópio de Flandres.
São metamorfoses
e clássicas: o homem
tentáculos, árvore,
o seio em garras.
Neste salão pleno,
escada do lado
por onde flui, fonte,

*

(a) voz da moça Bela,
rumor do Alentejo.
Fala por três bocas
para entendimento.
Gárgula diríamos
aos climas exposta,
capaz de torcer
a palavra oiro
e trazer à baila

[ATA]

os urros da arena.
Um touro insinua
a percorrer, olhos,
frisos, dourações,
a fúria do tédio
de toda penélope
a borrar sentidos:

*

a falsa janela,
metáfora do olho
como este salão.
Enxerga-se aqui
deslumbre dos cegos,
maçã no saber
semente em si própria
ficamos no aquém.

*

Cecília Meireles —
factora de teias,
repente no espaço
um vôo sem pacto —
Cecília Meireles,
apenas a prosa
do nome na praça
em que Bela, moira,
ao tempo Regina
labora espirais
ou o labirinto
presente, habitam
António e Fernanda

> armadores do ovo a
> bordar malasartes
> na farra barroca
> alguns caracóis.

2

A fachada italiana, o pátio, depois muros circundam o bosque, amplitude fechada. Como a Casa da Água, experiência do frio em ctônica contrição, mares e rios se expandem. Caberia um barco no Templo das Artes. A do ofício poético corrigiríamos de lugar, para o lado do espelho d'água, sim, os rastros do Zodíaco ao alcance no súbito painel de areia, na água de nuvens. Contemplar a cena nos olhos da deusa, deste ponto, refazer escalas, referências, por exemplo, a porcelana quebrada após o jantar real, os cacos formam agora o banquete numa constelação de estilhaços, o firmamento daqueles nichos, zodíacos próprios, doze as citações de Velázquez, o hípico — seria Velázquez azul dobrado em vermelho, ázul? Dentro a coleção de retratos a parentela — El Greco — uns iguais aos outros quase peixes na semelhança líquida

> voltada para o sol,
> o que oculta de si
> uma piscina tendo
> ao lado outra piscina
>
> o olho d'água dos peixes,
> cada peixe só um olho —
> piscinas paralelas
> guardam cristais, o sol,
> se aquário, também olho:

movem-se os personagens: António e Fernanda, artistas dos ventos nos quais fagulham a forma, habitam uma das dependências do Palácio, assim como Regina Chulam, de origem israelense-brasileira,

[ATA]

        pinta espirais,
        ninguém as toca
        sem o mover
        lunar espiral
        a juba em fogo

assim como este aviso à entrada da pirâmide (entrada para desvios e armadilhas até o vazio montado peça a peça para receber o faraó em seu estojo de ouro, qualquer sinônimo da soma do suor se perto da gota de uma vela o brilho, portanto precioso vazio virtualidade, anterior e posterior ao seu usuário de ocasião) don't touch — no deserto, resto ou herança das cabras.

Personagem X: Antonio José (da Silva), poeta gracioso assassinado, como se algo se suicidasse, nas fornalhas metateatrais da inquisição em Lisboa. Contemporâneo/fronteiriço.

Esta outra: Bela, alentejana de vogais implícitas — desequilíbrio, eclipse das cores? — guia das fronteiras. "Isto era uma praça de toiros mesmo", diz ao apontar a arena, palco de horizontes circulares (ao olho coletivo da mosca horizonte, singular?) que se tornou pátio interno da ala de hóspedes do Palácio, arena onde

        gente agora, no geral,
        em busca de imponderáveis,
        como uma aranha a leveza
        concreta da teia brusca.

Cecília Meireles, poetisa luso-brasileira. Silver and black, Fernando Pessoa teria evitado vê-la por causa de indisposição (a ordem dos fatores alterará o) na rede dos astros — testo, azulejo a menos, diria o poeta luso-brasileiro Fernando Paixão.

[Contar a romã]

        Perdeu-se num desastre
        de agenda ou de esquina
        a chance da palavra
        que chama se fizesse
        a gema do presente.

C.M., nome de rua ou parte da praça do mercado de frutas em Benfica (primeiro e último rascunho em progresso no qual por momentos um hipotético mapa da crueldade).

Web in progress the work goes on goes on ao noturno do céu, se semelhante
pintado numa tábua de mão única.

Lisboa, setembro de 1995,
São Paulo, 11 de abril de 2001.

* * *

[ATA]

NASCE POLIFEMO

Nenhum preceito garante o equilíbrio dessa festa,
entre cores põe o nada, a rosa dentro dos círculos
onde ela se fecha nunca sob os tons de castanholas.
O equilíbrio dessa festa estranha as arquiteturas
das batidas educadas, e em vez da pérola, calmo
fruto de paciente doença, impõe desvios e pautas.
Entre cores põe o nada um retângulo, moldura
na qual se quer reformar o natural da laranja,
também da lua, do sol, descontada a aparência,
a rosa dentro de um círculo, mesmo vazio, vago não,
ocupado pelas fúcsias oscilantes nuns relâmpagos
guardados, ver de repente as toranjas na fruteira
em que elas sempre se guardam sem que se saiba jamais
em que fruteiras, em que esquina estala a coisa do mar
e rebenta o que era areia em espuma de urro e tapa.
Com os tons as castanholas, híbridas flores em laca
e incerto leque, recolhem um triz de rosa e vazio.
Vária toda a mão se faz, peça encarnada, madeira
sonora, rara raiz: um touro florescerá.

* * *

[Contar a romã]

SOBRE AZEITONAS E AMÊNDOAS TRABALHADAS E JUNTAS COM ARTE PELOS DE VILAFLOR, QUE ASSIM OBTÊM NOVA FRUTA

Caixa de sóis, batata a fala
da terra, astros que o corte expõe
iguais no prato. Pronta onda informe,
rima perfeita e bem redonda
para a invisível e tão concreta,
tal e qual o ar, fome imanência.
Mas se a batata, amido em prosa,
a oliva gota ao modo canto
no tom da folha em verde gris
de gosto amargo e vero, embora
amendoeiras do amaro tenham
outra nuance, à qual se soma
doce relax: voz especiosa,
voz glandular, pelo seu modo
festa mais carne, puro fazer.
De Vilaflor os bem o sabem
quando corrigem as más olivas
ao revelar a polidez
vinda de amaro por sob amaro.
Entanto já com um triscar,
o contraponto a oeste a boreste
dessas batatas, remanejadas
a sanha e a fome pelo sabor
polifonia.

* * *

[ATA]

FÊNIS ROSA REFATOR

D. Luiz Nunes Tinoco, d'
l que o ferro floresce, rosal.
Um matemático risco, mu

i hábil e maneiroso, lui
z, como se pondo à contraluz.
Não te equivocaste, inda que n

unca tivesses achado, nu
nes, a heráldica do quartzo, truan
esco, pondo-te então a dese

sperar entre ângulos, azuis.
Tateias na linha da mal cont
ida letra, menos que pali (í)

ndromo, mas alfabeto n
ovo para dizer esse mesmo
começo dentro da casca desc

omedida, joalheiro do barro.

* * *

BODEGÓN

Um canto do Museu do Prado
guarda certo pintor estranho,
total ausência é o divino.

Pensava os erros dos demais
à maneira do Bosco não.
Mais longe essências corrigia.

Os tortos entregava à festa
das coisas esperando o assombro:
a mesa só queijos, o galo

todas as manhãs na bandeja.
Mostrou saber o coração
kitsch armário tão romãs.

* * *

[ATA]

AQUARELA

1

Que criatura das águas, a crevette,
ou transparência posta em vigilância,
mas tens a natureza de outro bicho.
Se criatura das águas, sem receio
desse cotidiano estar, horror,
talvez um furto em nuvens, tu te exaltas,
haste entre terra e pássaro, um arco.
Entre as vozes estás, olhos, silêncio —
duas pedras suspensas, ônix, modo
de sol no conjugar e quando, como.

2

Ao longo do teu corpo em toda a linha,
a luz se reconforma feito estojo,
movimenta-se contigo, criatura
anfíbia, capaz de criar espaço
(e te colocas como a flor não faz),
ambiente próprio para si nem gesto
além da rosa, rascunhar o verbo
que indiferente, simples, desafias.
Porém categoria primeira a areia,
carne feita solitude, mas plena.

3

Com o teu caminhar, em volta o azul,
abre-se o cheiro de mar, eucaliptos.
As folhas riscam a pele do ar,

[Contar a romã]

espaço pleno estalos, é sal. Ondas
se estabelecem ao redor, um centro —
repentino equilíbrio vem e quebra
a falta de sentido neste azul.

4

Com teu perfil termina ou principia
essa frase rarefeita, encaixe
igual à lua, se posta na ausência
como se olhássemos própria essa mão
pronta a recolher no espaço a figura.
O teu corpo, navio posto ao crepúsculo,
inaugura do ar vário as cores
em que se vai decompondo nuns gestos,
hieróglifos sem som porém, ou mais
somente a dança por nuances expõe
sobre espectros, humores, o fluir
teu caminhar comprido asa se abrindo.
Quando soma por esferas, o pássaro,
no céu recompões a forma do azul.

5

Teu corpo se expande ou reflui,
massa plástica, na atmosfera
colocaria a flor, o fósforo
metáfora ou teus lábios verdes,
simples traço gravado em néon
que sem vidro, disperso já
anterior ao compreender.
Um vidro fica pelo corte,
cicatriz a luz dentro d'água.

[ATA]

6

Pensar linhas cruzando-se na luz
deixam espaço para curvas, planos
num ensaio mais quarta dimensão,
os estados comuns, toda matéria,
permitido dizer também o tempo,
ver um passar que levagante, fixo,
e atrás da sombra além a marca o quadro,
um desenho entreaberto, que as marés.
Ao toque permitido entanto quando
a mão, ela repente recupera
o potencial em água terminando
esse corpo esboçado pelo sol.

7

A extensão, o teu corpo, recoloca
a água num espaçar pela piscina.
É quando se ouve a música, uns rios
em acordes sonados nessa tua
figura, ouro sobre o dorso de uma
égua, dentes capazes levarão
o vento em enfiada, tempestade
os raios se refreiam, passarás
por meios elementos, muito, ágrafa.

8

A representação desse mergulho
que na água por igual um fruto pronto,
embora plena ação se desenvolva.
Da terra até a semente, tal maçã
torna-se esfera, única na música

[CONTAR A ROMÃ]

circular, cor e forma ser romã.
Teu corpo se desdobra vento líquido,
caderno cujas páginas permeiam
umas as outras, fluidas, impossíveis,
fechadas à leitura, ver um olho.

9

Minuciosa a natureza monta
essa compacta chama, o cristal,
e o pássaro organiza com uns nadas
somente o universo, será seu vôo
onde o peso que é pássaro se faz.
Ver o exemplo da rosa, os amarelos
colocados num campo, mas azul
inventado no entanto para a rosa.
Imaginar o vento, tuas horas
raiadas com rigor, és estilista —
sócia do fogo por princípio a luz
entrega ao mundo teu corpo em progresso.

10

Talvez por isso teu sorriso bata
asas, assim igual no dentro o gelo
expõe o fora, organiza um plano,
enquanto a cicatriz vinda então desde o
fugidio, a pupila móvel, áspero
olho de serpe, bicho apenso às águas,
mitológico, sem verso nenhum
começa história nova, uma galáxia
no espraiar o revôo, ondas, as garças,
algumas nebulosas ossatura.

* * *

OCCHIOBELLO

O rio Pó, liquidez e fogo.
A lua a laranja pelo fluxo dos meses, âncora
ou cor ou pedra sob as águas,
barco aberto
quando flutua escreve
com a vela
uma dobrada clave em si.
Essa paisagem
feita em brancos antes do gesto
da vontade
é amarela e fonte,
o Pó,
o trigo se fazendo pela neve e
a neve caindo como zucchero
nos ombros de Giovanni Ferrari.

* * *

MAR DE ESPANHA, MINAS

Capital Juiz de Fora,
não longe de Aiuruoca,
amplia-se pelo insuspeito
esse entretanto universo.
Procurá-lo numa carta
geográfica nos permite
descobrir a referência
nunca ao alcance da mão.
Claro não encontrará
explicações para tal,
embora o fluir dos ocres
distante dessa Madrid,
mediterrânea maré,
tal o lençol ante o touro
se afasta para a passagem,
as aspas num sobre sangue
de inesgotável vermelho.

* * *

[ATA]

GLOSAS DAS FLORES MINERALIZADAS

1

Os cristais, dispostos em conjunto,
demonstram a variedade simples
numa e mesma coisa, água boa
corrente na luz, o movimento
os pássaros, flores em progresso
plantadas no ar, raiz in vitro.

2

No instante a cor ametista, vinho,
nos revela o ponto, chegará
feito pela explosão entre peças
que dão à planta nomes, ou fúcsia.
Isso enquanto a hematita, semente
luminosa pronta ao quebrar, só,
do se partir em dinastia — nova
fênix, o que nos leva ao retorno,
à impressão deixada pela pedra,
um fogo guardado no carbono.

3

Poderíamos por estas fábulas
pietrose caminhar com olhos,
mas elas se fazem conforme
a luz, fecharemos as portas
para depois cerrar os olhos.
Mirando o dobrar o silêncio.

[CONTAR A ROMÃ]

4

Acender uma luz,
o ônix é diferente:
trabalhá-lo, tirar,
qual se faria um olho
e cristalino até
cristalino, rotina
brilhante dos tubérculos:
mas nunca lapidá-lo
até o transparecer
aliás, positivo.

5

Cristais têm a ver
com a mão dos mortos,
sim o estar das árvores
como esses salgueiros,
armações aquáticas
num brilho parado.
Questões a raiz.

Nova Lima, entre 19 e 31
de julho de 1996

ÁLEF

1

Segundo Spinoza,
lentes fabricante,
a vogal permite
o fazer a fala
sendo a alma dela.
Ou como entender
a matéria simples,
LF só rocha.

2

Reconhecer nele,
cristal, a passagem
da luz que permite a
leitura da frase
única e final
quando sob o sol
ou na mão fechada a
paleta do sopro.

* * *

[Contar a romã]

De todos os escravos, o califa
preferia sempre aquele a quem prendera
ao tempo numa corrente impossível.
Conhecedor do instante, a luz conforme
dava início ao recontar, à ampulheta,
esse aquário com peixes sutis, pontos,
ouro lavrado numa simples síntese
do deserto ou o labirinto atroz.
Esse mesmo homem que nós saberíamos
pelo nome de Jorge Luis Borges,
além do sol, nessa hora inumerável.

* * *

[ATA]

ANTÔNIO FRANCISCO LISBOA

As vozes, os doze profetas,
vertem as crespas eloqüências
na cinzenta pedra-sabão.
A chuva ácida
insistirá
até refazer o deserto
onde os ecos passeiam
o assombro,
a fábrica de todo texto.

* * *

RAIN FOREST

1

O relâmpago mostra
esta eletricidade,
uma flor em ação.
Observá-la em nenhum
vaso, fotografia
de rosto que mirasse
a si próprio, mas vendo,
aspecto sob aspectos,
nele a vaga presença.

2

O conversar das folhas
sobre minúcias amplas.
O tumulto em detalhes
a este dia acrescenta
um sempre mesmo dia
guardado em lua inédita.
A eloqüência das folhas
dispersas, os seus vôos,
inauguram os pássaros
da raiz sabedores.

* * *

[Ata]

DEPÓSITO DE TIJOLOS

Monumento algum se projeta
das tais peças, menos que letras
os hieróglifos, mais portanto,
tanta pletora de matéria.
Antes de Babel, barro cego,
a biblioteca de cerâmica —
à espreita nenhum olho pronto
a quebrar o vidro de todo
entre ar e terra, tal depois
a chuva quando noite o sol
singra geral de ocre a vermelho.
Canto das cores navegantes,
vapor o cobre as mornas flores
se frases, cintilações, ângulos
a caixa de estar, linhas feita
ou pré-projeto, o nada feito.

* * *

KAFKA LIDO POR CHARLIE

O olhar o esmaga em amarelo,
sépia e reflexos de um incêndio
ou festa celebrada longe
dos limites do quarto onde ele
entre parênteses rexpira,
ave em negro prestes ao vôo
contra o olho inseto na parede.

* * *

[ATA]

>Os pontos nunca desatam
>com o passar do escorpião.
>Seu corpo prossegue muito
>ardiloso, articulado
>na areia, embora o céu
>se precipite, azuis
>sobre uma frase amarrada
>toda em farpas amarelas
>que pára diante do sol.
>Parece saber a chama
>retorno ao líquido, mas
>nada explica, porque vinga
>a perfeição, o veneno.

> * * *

[Contar a romã]

Ângulos em giz sobre o vidro
montam a imagem, algum risco
que não se completa apesar.
Cobrando o ver aquém e muito:
um mesmo olho no vidro corta
a face inerte por retrato.
Ângulos em giz sobre o chumbo,
mesmo olho intacto, sendo avulso
nada explica, resta o improviso e
como prática alada o grito.
A boca faltante jamais
completará a máscara vaga,
carne sem verbo reduzida
a peça em osso quando limpa.
Vela-se no espelho, cor única,
a insistência sem olho e luz.

* * *

COMER A ROMÃ

1

Polivermelha romã,
conservas entre teus brancos
dentes de papel, um vivo, a

constelação coagulada,
presa nessa boca ampla
montada em nós, engruvinhos,

própria dor da terra, chã,
espelhado favo entanto,
é semeadura e maçãs.

2

Quando o encontro dos vermelhos
entre dunas convergentes
numa rosa outra flor se abre,
lenta e firme a mão recolhe
de dentro disso, sangrentas,
esquisitas boas pedras,
as sementes da romã.

3

Sempre a primeira versão
o trigo, semente feita
de terra, terra em figura,

[Contar a romã]

depois torna-se o vermelho
com o ponto branco dentro,
cristal no limite líquido

uns olhos em coleção,
olhos para serem vistos,
favos de papel lavrados

em tanino, são granadas,
mas uma vez dedilhadas
perdem o peso do cálculo e

se desfazem em jouissance.

* * *

[ATA]

O gesto quando pronto não será
encontrar a lição da lua, nunca

a mesma, basta ver a confluência
do inconstante na mesma peça posto.

O gesto pede-se risco no céu
desenhando a raiz delas estrelas.

Concreto resultado dos vermelhos,
o traço sempre súbito corisca.

* * *

[Contar a romã]

Borboleta na parede,
pétalas duas, lunares,
abertas entre cal e ar.

Sem que se perceba pousa
e instala o sujo na cal
imitando a voz, a concha

desdobrando-se refolha
no colorido explicar
a pontuação em branco

* * *

[ATA]

Dizer
modo de
nuvens

a lua
passa pelos
ramos,
o cipreste

luz
intacta

* * *

[Contar a romã]

A prática vermelha das romãs
distribui-se nuns súbitos cristais

entalhes soletrados tantas letras

quanto podem à flor da boca os olhos

* * *

ÓBVIO

ÓBVIO

Outro possível desta luz acesa
aquário onde não prende o conteúdo.
Suspensa sobre a sala, uma divisa
para o interdito — destruir o vaso
abrindo escuros, crespos de anacrusa.

*

A lâmpada demonstra estranho jogo
a lição; se esta letra for usada,
o ovo de vidro causará mais luz
pelo ato de conter, porém partido
peixe algum livrará, somente o grau
daquilo que se extingue, mas os cacos.

*

De natural acesa, nunca pronta
na sala, um escândalo da noite
a lâmpada, porque se apagam sempre
no mesmo ponto tantas luzes já,
as esparsas giestas que dell'Orsa.

*

Somente um olho vago dele mesmo
passa pelo último registro dell'
Orsa. A sala avança rumo ao círculo
no qual todo deserto se incompleta,
os cristais. A janela faz moldura

[ATA]

para essa transparência, figurar
de uma cor no final da soma em claro
de todos esses tons, branco inclusive,
e do vermelho até o azul, um copo
cheio de vinho, cheio não, metade.
Cada cor vibra um som, os tornassóis.

*

Se o ornitorrinco projetado aqui,
após trabalho feito, lousa e giz,
poderíamos na vida em expansão
o sorriso dos deuses, o seu júbilo.
Como porém o ornitorrinco mal
se fez, cabelo em ovo, será inútil
objeto executá-lo. Apaguemos
a lâmpada, ouçamos essa música.

*

Enquanto se pretende o circular
do som depois a mão na superfície
do ar avança tímpano e cinzel.
No concêntrico envolta se procura
o rastro num incerto ponto, não,
é luz e intransponível vizinhança,
move-se a lua percorrendo a sala.

*

Do sólido ao cristal, estando líquido
— o mais líquido efeito posto em prismas,
céu móvel de molusco que libera

[ÓBVIO]

a matéria naquelas mãos ao sol.
Seria um modo de fazer ouvir
as sílabas dobradas numa só.

*

Trocado embora pelos utensílios
e te cercam formando um território
os percursos, quebradas, as vermelhas
descobertas, as manchas sempre inéditas
ao canto esquerdo e os peixes, um sinal
da passagem presente desses monstros,
prováveis levagantes quando à sombra.
As gavetas se provam acidentes,
numa delas o mar persistirá.

*

Ou seriam as gavetas nem motivo
para guardar sobejos do oceano,
o azinhavre nos cobres, a janela,
o movimento do portal, as mãos
levadas no expandir se é flor e sopro
e água ao redor da luz. Em vago ponto
desta sala, num meio-dia absorto.

*

Mas de repente é março, não entendes
as cristalizações nas folhas, sombras
o promontório. São primeiras frutas,
o de repente março, as primícias.
A lareira devolve alga e carvão
ao motivo, as práticas vermelhas.

[343]

[ATA]

Nas cinzas, o capricho convulsivo,
a feroz persistência das bromélias
neste gelo precoce, neste março.

*

Um dentro do cristal o conversar
de fruta entanto líquida; se espraia
será o olho desperto, suco e brasa,
nunca madura redondez, produto
de sopro e mão, vedado polimento
a qualquer nova intervenção do moto
feito carne anulado pela esfera,
outra luz ao redor de estranha luz —
tocar está depois do espaço o vidro.

*

Observar o cristal enquanto espelha.
Ele se faz um modo que não ovo
partido na cozinha, esta oficina
também onde, lagar, o ovo transborda
os losangos, os amarelos sem
ser sol, uma outra luz insinuando
o perceber de penetráveis ouros.

*

Vazio, e sem nada que fendê-lo,
na mesa coloquemos uma ausência.
Pode ser o papel, mas é da mão.
Estava ali, o potencial de fogo,
resta um ovo do qual saiu a cria
e cujos restos foram retirados,

[ÓBVIO]

mesa posta que a festa é deles pássaros,
caso a suposição de lhes bastar
o ausente se confirme nesta sala.

*

A pele separando ar e cor
absorve brilhos, as figuras plenas
desse através se fazem e circulam
por causa da inteireza ao modo líquido —
mas tudo transparece pela sala
num mover sem tropeços, caracóis
capazes de um ao outro fecundar,
como a seqüência escapa em espirais.
Mas até o recolher de novo à casca.
Passando este outro tema se coloca.

*

Movimentos contidos em um vaso
deixado sobre a mesa, quê, vazio,
refaz dentro da sala o estar depois.
Confunde-se com ar, pois a matéria
nunca o envolve e o situa sem notícia
ao tato, semelhante um astro morto,
porém sensível quando a lua oculta
no armário de recuerdos, luz em pó,
inunda a mesa com efeitos brancos.

*

Supões exista o mapa que contenha
a indicação das fráguas, a palavra
em si partida, fogo e água, forja,

[ATA]

a cave, complementos necessários.
Fráguas onde se opera o jogo em luz,
ondas desvencilhadas, hibridez
no cristal entrevista, mar exposto
à condição mais densa do amarelo.

*

Em alguns horizontes, pois fechados
pelo próprio render, o circular,
conquanto os ângulos, espaço aberto,
este não se calcula nem se prende
no avanço pleno ausente se faz ponte.
Um cadinho, retorta mais a mão
e a ferramenta com que o sopro põe
a si próprio na forma para o toque,
um sobrepor de vidro tais redomas.

*

As possibilidades três do prisma
se apresentam em treze desacertos.
Os prismas podem ser examinados,
portanto folheássemos um livro —
no desdobrar corrente vão as frases.
Nenhuma delas pode ser o mapa,
sempre outra frase se acrescenta, onda
aberta para novo complemento
mais cesura — a sombra se dobrando.
Maravilhemo-nos. Mirar o cisma,
é multicolorido qualquer prisma.

*

[ÓBVIO]

Instalada a proposta de paisagem,
faz-se o ponto no teto e pinga escuro.
É de lã o composto, lã, ou óleo,
exemplo a cor chamada violeta
ou a estrutura roxa desse com.
Quiséssemos, veríamos um dado,
tal o exercício, as manobras lesmas
de repente o redondo, mas tem garras,
retira-se da luz, logo aterrissa.
Permite o enviesar do til, da sala.

*

Com a habilidade de uma cor
a lua se coloca aqui, num ângulo
útil e móvel, panos, várias tintas
abertas na paleta sendo os brancos
que somados darão a transparência

*

Os sons da caixa, mesmos, oferecem
o dia apenas muito menos brilhos —
tentar sabê-los um a um, cuidado,
sem feri-los de parcas matemáticas.
Guardar na pele todas essas vozes,
relógios dentro as ilhas, neles pássaros
suspensos, apagados, insistentes.
Além do fôlego, das mãos os olhos
e disponíveis outros de ameaças,
mas a pele, geada e luz, rescende
um persistente retingir, os vidros,
o ônix, o desmanchar algumas sombras.

*

[ATA]

As denominações iguais, contudo
instauradas em frases já se trocam.
Nelas, as margens podres redescobrem
um convergente pontuar os ritmos,
mover insetos na abrangência luz,
o estar inalteradamente uns olhos:
errática simetria, logo estrábicos.

*

As últimas freqüências não convergem,
porém falam por alto desinências
enquanto o perceber, se mesma coisa,
faz um vôo de morcego à toda roda
aberto sem jamais tocar por fora.
Onde talvez os sons guarneçam garras
para experimentar o expor em nuvens
num escorrer a chuva após. Vertentes.

*

De repente as constantes referências
abrem caminho para o desfazer:
a sala se incompleta com os olhos,
os móveis e outros utensílios quê
ao dispor da vontade são as formas
e num momento podem ter papel.
Seguir olho fechado esse ecoando
confirmará a si próprio por sinal
pela necessidade dos parênteses
impostos nos limites deste som
e outro. Tentemos responder as feras,
esses ruídos, massas convulsivas
de escuro no qual junta a sombra ao corpo.

*

[ÓBVIO]

Um pouco se desfaz, areia, círculos,
ou as águas também sabem o vidro
de cores através, elas também
peixes, percorrem deles mesmos dentros
esporádicos ângulos, dedilham
ágeis o perpassar esferas, bolhas,
motivo para a trança em espirais,
os congros impossíveis de dormir.

*

Ontem chovesse, e então planícies — olhos
guardassem o que sobra dos cardumes:
peças de ferro expostas igual frases
penduradas nos fios entre os postes.
À espera de um retoque no cenário
dado por monstros à deriva, pássaros.
À maneira de mãos pousam em ossos
e ali ficam por loucos agarrados.
No chão, a sombra das serpentes mostra
a retorcida ausência nisto o sol.

*

Diluição, anilina em água curva
ou por excesso o fósforo se apaga.
De estados sólidos falemos, vários
os crustáceos mastigam essa chama
da candeia se posta em plena luz
antes de novo processar os dias:
como prova o carvão, tais borboletas
diluem-se em anilina, em rocha, manchas
ou no sufoco um fósforo se acende —

[ATA]

são levagantes, as cortinas, sombras,
tingidas elas gritam, esvoaçam.

*

A sala se desmancha em mitos brancos
por um seguir aquela flor no vidro
percebido na estante por acaso,
cinco pontas desfeitas no entre lua
sem o sol e tampouco mão de fogo,
entanto a intensidade desse branco
nuns espaços de nada, amplo verde
guarda o favo no ar, nem haste, solto.

*

Cada sala tem sua quadratura
de círculo na hipótese lunar
de um cristal, muitos ângulos sem luz
própria; se cada sala ou refração,
perguntar o primeiro ponto, vírgula.
Perseverança desta frase em curvas,
descer a escada repentina, fonte
de rumos para dentro do roer
até o nó desses ossos tão vazios.

*

O reverso da sala se apresenta
como da flor qualquer vero vermelho,
ruas feitas de cenas, dorso e farpas
do campo sobre fundo violeta.
Uns bichos transparecem, vêm azuis
e farfalhos de púrpura, sinais

[ÓBVIO]

além vazio, vozes não, nenhuma,
vejamos certos brancos coloridos.
Avança a mão, ao menos incendeia.

*

Esta sala improvável tem caminhos
somente para aquelas outras salas,
os atalhos de fogo, os restritos
rumos de escorpiões, quem sabe três.
A serpe, ao se tornar da luz o filtro,
prossegue dentro dela, mas esplende —
os raios no se espalham são o rastro,
manchado deslizar, pistas avulsas
à frente delas próprias, os sinais
do passar que não pára e amarelece.

*

Dentro da sala escorpiões, lagostas
armadas em veneno, nada comem,
esperam as antenas musicais
a chegada de ventos mais propícios.
Entre as algas então terá princípio
um se mover das brasas, labaredas
começarão a expor algumas nuvens
por onde em trama seguirão os ventos.

*

A mão incógnita, papel ou tela
e este modo contrário às previsões
do que sempre virá, esquinas, todas
guardadas nesta sala. Onde espelhos.

[ATA]

As esquinas se fazem, multiplicam
os degraus mal dispostos no horizonte,
perspectivas de planos aproximam
os arriscados ângulos, as pétalas,
rosáceas, as presenças, mar à vista.

*

A mão pela primeira vez grafou
um círculo e por dentro firme ponto.
Depois pensou o sol, amplo em esquadros,
ou a libertação do curvo em ângulo.
O ponto se desmancha, abre a rua,
a escada pára numa rosa, intenso
sobrepor conseqüências paralelas,
ação das cores, a íngua em sua fala,
as propriedades únicas da sombra.
Mas será contrapor qualquer nuance.

*

Os quadrados, retângulos, esferas
confabulam o estar de estrelas, sala
dentro da sala, que outra, reduzida,
relevo sobre azul, com entre espaços.
Exercício de mínima presença a
vírgula se coloca nesta frase

*

Sob o intrincado esforço das esgrimas,
o corte, o peixe, árvores em farpas,
pontilhar de raízes mineráveis.
Espadas, elas buscam extravios,

[ÓBVIO]

golpe a golpe, fazer aquém o círculo
essa rosa capaz de algum vermelho
após o embainhar. Da mesma forma
a paisagem persiste olhos acesos.

*

Madeira viva e o osso com que o cão
resultam em idênticos carbonos,
duas luas minguantes, se somadas
pelo próprio normal dessa minúcia,
algumas luas cheias, bastam fósforos.

*

Passam as festas exemplares, risco
do encontro de ousadias lentamente.

Cada celebração terá na esquina
um jeito, modo único o fazer.

Então, pelo relance liquefeito
de uma fruta na boca, ou pelo podre,

acontece de novo uma aventura.
Libera-se a semente, pronta e nada

sob o espectro da rosa never nunca.

*

Aproximam-se todos, cautelosos
param no examinar a novidade
plantada contra movimento algum.

[ATA]

Inamovível condição presente,
ameaça no canto desta sala,
alta, objeto de matéria incerta —
jamais se concluirá, feita ela mesma
ou o que nela se submete, tortas
raízes existentes, mero texto
a moldura vazia, a qual envolve,
âmbar dentro do qual nos reservamos.

*

A decomposição do azul em verde
e amarelo ao redor de alguma folha
faz supor o limite dos escuros,
entretanto trocados, visto sol
no supor de que a luz pretenda sol
e não algo que em si vigia a treva.
A luz, em vez de iluminar se apaga
pelo que vem de fora, mas conforme
dela a folha será parte inflamada.

*

Um olho se projeta a luz jamais
vê o discorrer da sombra num escuro,
a flor não vê o vermelho, pressupõe
o infenso à vista, idem o amarelo
silêncio desdobrar de sopro e fato —
o som igual ao olho não se enxerga
nunca fica no espelho cinco mãos
de transparência sempre mais depois.

*

[ÓBVIO]

Das perfeições, as últimas, será
possível construir periferias.
Parede nova não, nenhuma agora,
nome recente a cor para o imprevisto
em cima desta mesa, se através
o seguir persistente que sem rima.

*

As portas são objetos feitos para
desentender o espaço pressuposto
atrás delas, as folhas acionáveis,
contato de metal e metal, sólido
separar de metades, ou madeira,
um acordo a propósito do escuro
e mesmo o claro. Abolir paredes
impõe perder espaço pelo imenso
de uma flor que, sem pétalas, do todo
se faz presa e retângulo. Avancemos,
são outras portas, quadros, salas, luas,
salvas sem frutos postas com cuidado.

*

A leitura das horas aquém o olho
o gato, flor do incerto em tantas salas
supõe a fera máquina do mesmo,
um mesmo sutilezas deslocado,
lume de velas, o redor se altera,
paredes inclinadas sem os ângulos.
Por ser o aquário olho em vida própria,
permite ser tocado e também toca.
Um em torno através feito redondo:
na sala estamos, peixes os, flutuam.

[ATA]

À direita, na entrada de outra sala,
Walter Levy expõe o seu congresso.
A deusa empunha a chave conhecida,
ao lado o pórtico, ausente a porta.
No entanto, sem provar o cadeado
ninguém passa. A máquina de abrir,
com nada a sustentá-la, põe-se em amplo,
assim tal movimento se conforma
escultura cifrada no deserto,
transparência somada a transparência,
o interior da casa quando aberto.

*

Ao entrar numa casa inaugurando
sabe-se que os cristais são interditos,
guardados entre as sombras, insolúveis,
entanto de presença figurada
nos intervalos das palavras, falhas
do silêncio, também seu desespero
de no mais existir como ruído,
o amarelo das frutas nesta mesa,
os ângulos dos móveis, tentativas
do fixo, tal qual nunca neste instante,
inédito, que o brilho se fizesse:
estar na casa, sempre vez primeira,
sabe-se dos cristais chuva insolúvel.

*

Seja para cruzar durante o dia
a maneira inocente de uma sala,
seja à noite, os roxos, nada mais,
se tanto tentativa perseguindo

[ÓBVIO]

sinais da luz sabendo desse prestes
capaz de se ocultar dentro da chama,
mesmo da luz, ou como no intocável,
expõe o abismo aonde o passo está.

*

A constância dos móveis faz desvios,
entre eles o caminho é de repente
um desfilar rotina qual se explica
pela proximidade essas instâncias,
suas curvas, a fala se diverge
em freqüências no longe se propondo.
Ganham força e ameaçam como sendo
o persistir madeira tão metal,
desconformes estados naturais.
Conflui-se o perseguir por uma aresta.

*

Caminhar até o quarto, mas sem volta.
Desinência esse vaso sobre a mesa
no escuro deste incômodo lugar,
visto que o caracol nunca serás.
Conformar-se portanto no arenoso
instante de rever ruínas prontas
— cautela para não quebrar espaços,
rumo ao vaso, durável transparência
no escuro se permite transitar,
filtro de luz qualquer e toda treva
torna-se vidro, água também ele.
Ruído mais intenso desta noite.

*

[ATA]

Líquido falho, seu melhor, o gelo.
Ídolo vigiado, não se toca.
No tocá-lo supõe-se o interromper
da luz, o monossílabo que o forma —
prevê nele a estrutura de osso ausente.
O osso que se conhece no calor
do avançar os escuros pela sala.

*

As harpias trabalham suas garras,
agora há pouco caiu uma, bicho
breu, um só dente mordedor veraz,
pega a lua, recorta o desbrancor
sob o olhar mais atroz dos seus vermelhos.

*

Há esse jeito de fogo, o reduzir
o silêncio fechado entre as paredes.
As lâmpadas acesas dão a conta
dos telhados e formam a grandeza,
olhos do próprio ar, olhos do céu,
testemunhas do fogo, do ruído
em desenhos desfeitos no traçá-los.

*

Irrompeu em Guernica um cogumelo,
quem o colheu, aquele homem nervos
que com lanças partiu contra Velázquez
e perspectivas sem, escuro ou sólido.
Romper o quadro na parede sempre,
sempre uma sinfonia de maçãs.

*

[ÓBVIO]

Subir a escada com o sem retorno,
cada degrau desfeito após o passo
dá somente lugar ao conseguinte
se quem sobe topar essa parada.
De qualquer modo chegará o cessar
pelo medo, motor da construção.
O espaço, criatura entre paredes,
além delas os passos adjacentes

*

A voz chega da sala ao lado, fraca,
ela não se pretende o agir do líquido
ao transbordar e se expandir maré.
Nela mesma vertida, fica a luz
do ignorarmos, supõe-se rente excesso
dentro do búzio percebido após
o desaparecer disso livrando
o presente guardado, essa cor.

*

Essa nota sem som. Eis a bromélia,
silêncio colocado nuns vermelhos:
nenhuma aquela cor toda nuances.
A mão se movimenta sobre a mesa,
ela desloca num mover o prato.
No linho da toalha o sol se apaga
e o claro se apresenta, água em água.
A toalha resiste até as mãos
capazes de mover e se dobrar.

*

[ATA]

A sala não conclui, variações
da lua pelas vias mais estreitas
de cidades sem nomes, referências,
até mesmo Ulân Bátor se recolhe
num leque de nuances para o escuro
lado onde agora incide o olho à luz:
certa mesa de vidro já não há,
em seu lugar madeira, os traçados:
um mapa rumo ao mesmo, ele é solúvel.

*

Quando fechada a porta, este retângulo
em concordância com algumas curvas,
os quadros por excesso fazem vista.
Alheios na parede, os insetos
são as asas num quase circular
de rápida intenção toda fazendo
o não retorno. Barco não, nenhum.

*

Do quadro, do horizonte a linha curva,
o desenho se expande feito luz —
os contornos revelam mais escuros
desertos ao redor da flor, os olhos.
Cada peça, mobília, os enfeites,
marcos do mapa os rumos, formações,
ovos, outro retângulo, os prismas
dispostos em sentidos inclinados.
Eles, do mármore, madeira e tinta,
metais em móvel condição, o gelo —
de insetos o cardume sai dos olhos
e dá forma ao cristal, osso da luz.

*

[ÓBVIO]

O desenho da sala, um espaço
móvel. Medida onde algo, se aparece
desabrocha a figura sem contorno
nela e idem fora dela, no arredor
e interiores, a fruta pelo avesso
a partir dessa casca, barco à solta
comparável à chama sem a vela
e à mão liberta de qualquer vontade,
luz à deriva, fonte nem chegada.

*

Examinando a posição da mesa,
o situar madeira, a quadrúpede
amostragem, rotina ou imanência
da mão que a preparou desde entretanto
o avançar delas sombras para o sólido
desta outra mão num certo azar de passo
sobre intermédio necessário vidro
entre o estado de sombra mais presença.

*

Enquadrar significa em volta, linhas
e ponto subtraído, dando início
ao fim, se alguém quiser propor um círculo
disso. O brilho pretende-se, minuto —
nele muitos conluios se refundem,
o falseado mal conforme às tramas.
Bastante assinalar, continuemos
pelo que nos obriga, num redondo
convalescer os olhos, a cadeia
de mover colocado num abismo.

*

[ATA]

Em plena sala a caixa estranha fixa
a posição, enquanto no impossível.
Peso em cimento, cor cinzenta, brancos,
de regular tamanho, os desfeitos,
nesse estar contra o céu e o mar, as telhas.
O não se prende à sala esta presença,
pois se aqui está, permite outras paisagens —
proposta de ferrugem ou as algas.

*

A caixa aberta nada tem por dentro
prova-se algo sujeito no modelo,
um pouco de madeira em ponto frágil,
pequeno monumento ela festeja
o modo colocar-se, mesmo o espaço
que a sustenta e, movendo, justifica.
É interdito portanto reciclá-la,
seria desmontar o seu espaço,
embora espaço, sugestão do nada
entre paredes de papel, presença.

*

Dobra de couro bem disposta ao uso,
se propriamente trabalhada, fecho
dócil aos dedos, mesmo um mapa aberto
a explorações materiais, atenta
para os grandes detalhes do labor,
eles, alto-relevo, são resposta
contra a monotonia atroz, os peixes.
Umas luas redondas, são os fogos.

*

[ÓBVIO]

Os fôlegos suspensos e uns gerânios,
ou: o que não seria dessas flores
senão isso, contrários de harmonia
em que a tarde se faz luzes, objetos.
Por eles segues, nada mais, são tantos
meios-dias submersos. Mesa, peixes —
ruído atroz o deslizar os peixes.
Folhear, cada escama alguma luz
aberto leque enquanto se fechando.

*

As flores de giesta fazem coro
no correr dos caminhos insuspeitos
da porta desta casa até essa próxima
praça, que diariamente tão distante
como a lua não se convoca perto
do sol nem ao alcance dos insetos.

*

Sobre a vantagem da memória vaga,
e seria algo assim como a leitura
inédita outra vez, mesmo poema
em novo chão disposto, ou matéria
recente igual o touro, arena plena.

Assim o lê, há tantas tardes juntas,
algum José María Manzanares —
faz sol plano redondo tom dourado
na confusão vermelha com o breu.

*

[ATA]

As extensões da mão pela toalha
perfazem um planeta; feita em linho,
toda baixo-relevos, própria ao tacto,
uma pele sensível sobre o ar.
Percorrê-la, repente o se dizer
de um frêmito, vibrátil organismo.

*

Depois, quase entender alguns sinônimos:
desenrolar as sínteses, proêmios
guarnecidos, perfeitos, na lixeira
exemplos deles mesmos claramente.
Ou seja o só, princípio num destarte,
então circunavega, que é galé,
o seixo em seu formato, texto e testo.
Recompô-lo seguindo as pistas rotas,
chegaram a esta sala prata e pluma
na forma desta coisa repentina.
Após os mares, mira nesta mesa.

*

A precisão do corte ensina margens
e assim explica numas linhas bruscas
o navegar desprevenido, errático,
da flor infensa ao tempo, a jusante.
Serpe feita de gelo, faz supor
movimentos que prestes eram farpas
carregadas do fogo das esperas.
Os passos rumo ao quarto pressupõem
o ritmo bem marcado, bisturi,
a chuva improvisada, os contrastes,
tudo borrões na escuridão de vidro.
Um vaso sobre a mesa, ou a lâmpada.

*

[ÓBVIO]

Estavas nesta sala com teu jeito
de sonata em andante movimento:
será melhor esboço do teu rosto
o se impor diferente desses móveis,
enquanto dir-se-ia os quadros guardam
pelas paredes em allegro, tropo
de algum teu recolher maré dormida,
e o cansaço redondo em torno à mesa.

*

Outra sala, mas esta sendo inédita:
duas salas vazias, sem as mãos
e os braços. Simulacros de fantasmas
perdem os sons e ficam por aqui,
acordes de passagem, não registro
no caderno de pautas amplo em branco.
Com o que, teu retrato se incompleta.

*

Sempre chove em algum outro lugar,
como demonstram oito lados móveis
do dado em perspectiva: nos cristais
de violeta moram nuvens cheias
de pássaros voando pelo denso
numa flor transparente, que raízes —
o vôo seguindo fatos circunlóquios
entre as linhas e brilhos de uma pele
revelada jamais nem sol nem água,
vertentes de aritmética improvável
sempre este escuro expor de um erro nunca.

*

[ATA]

Entretanto a gaveta repentina
se demonstra no canto feito luz,
pondo esta conclusão de seu princípio:
aberta nunca foi, nunca será,
de estrela ao modo vai ficar fechada,
pleno convém o risco, basta o olho.

*

A cadeira, vejamos a passagem
sob o arco de uma sala para a outra
do meio-dia sem saída exposta.

Percorrer uma folha de azaléa,
o hipotético gesto dos teus braços,
mesmo um olhar enviesado teu.

Examinando o plano da parede
plantada pelas mãos; a cobertura,
um ladrilho de rosas resistentes.

Para o silêncio abre-se um espaço
por meio do conjunto, do concerto e
permanência daquele ou uns ruídos.

*

O antúrio branco deixa o vaso, baila
as possibilidades do quieto,
não o repouso, fixa o ar, suspenso
olho cego do qual depende a lua
pelo círculo em nó que se desata,
branca paralisia ver o antúrio.

*

[ÓBVIO]

A bromélia tirada de uma árvore
e reinstalada numa sala isenta,
onde também a luz sendo improviso,
com o vermelho põe espacejar
de aranha. Ao redor flutuarão
júbilos e os artrópodes da casa
nos olhos e na pele do felino
ideal, sobretudo pela ausência,
ao apagar sereno da bromélia.

*

Isolada, que a folha desta planta
permite o tom na sala e o destacar
envernizado da gaveta intacta:
um desdobro esse livro feito em laca.

Não há livro sem fala, não há verbo
sem o que se completa num objeto —
em excesso esse braço se põe grito
e pássaro amarrado, ver a folha
onde os sons se concentram amarelos.

*

O arbusto no jardim, soma de escuros,
um negativo por vermelho faz
verde e negro num quase geométrico.
Contando não se esteja bem na quadra-
tura da circunstância dada e pronta,
a luz permite o pentear as algas.

*

[ATA]

O se expor do molusco sendo púrpura
igual o visto um dia dentro do olho
de um rochedo voltado para o céu,
redor azul e fôlego encarnado,
lábio vibrátil às perguntas mesmas
da pedra que ao rumor em volta cede
e no repente serve o mar em vinho.

*

Examinar o caracol. Pensá-lo
com os olhos permite compreender
sua conformação, a mera lesma,
oscilar amplamente das matérias
do solo até o pastoso o liquefeito.
Oscilações viscosas o sustentam
no tempo desse estojo incompatível,
pressupõe o sujeito como verbo,
fala sendo palavra mais a boca.
Segue por ele mesmo esse universo,
o natural do termo ubiqüidade.
Verbo quando o sujeito, quando o move-se.

*

Retirada a toalha surgem manchas
entre manchas, madeira ao natural,
uma planície de olhos o retângulo
à espera alheia desse apropriado
ao enxergar e ser reflexo primo
por baixo do verniz, onde esses rios
seguem veios conforme o perceber
do rumor em desenho, laca e mão.

*

[ÓBVIO]

As cadeiras, retorta, o pergaminho,
a lembrança que um gesto sob a luz,
as páginas dobradas por fazer,
o momento lunar e se refracta
nas nuances das folhas os gerânios,
brilho veludo de passar noturno.
As formas congeladas, o ruído.

*

Tal qual da rosa a completude falha
e do mar o impossível vinho tinto
sob um luar de fúcsias, são estrelas.
Plano simples a causa se situa
no explicar, por exemplo alguma cor
entendida somente nela mesma;
a cor tem mais motivos, nenhum nome,
nem amarelos dois nem três vermelhos.
Toda a retorta deles vaza, o ônix,
porque no se espraiar da cor resides.

*

Com mais força os cristais ventam à noite,
cintilações, e delas se prolonga
o campo em si dobrado, no através,
sonoridade escura, vibra ao toque —
o luminoso fica para as folhas.
Agora perceber os pizzicatti,
os fios se entretecem, armam teias
num estar repentino são aranhas.

*

[ATA]

O situar dos móveis pela sala
muda conforme a perspectiva alheia
agora, exposta à descoberta; disso
o estar se manifesta no conjunto
e o caminho refaz tais rotas novas:
seguir a escada logo à frente leva
a degraus que começam e concluem
(a) sala da qual saíste para o dentro.
Mesmo o sol, mal disposto, de mau jeito
a rua se incendeia, é Ulân Bátor.

*

A mão amplia o recortar da cor,
a cor amplia a química da nuvem,
a nuvem se desenha sendo de água
a flor já se propaga pela sala
redondamente, mas segundo os passos.

*

Pelo efeito da luz aqueles pássaros,
alguns deles retraem como se apagam.
O simples, nunca reversível único
e confunde o deslizar, a serpente,
expressão do propor seguir à risca
e vário, sempre um ato falho, fixo,
não retrocede nem avança, cora,
mas as aves noturnas logo voam
asas largas, os olhos quão, enormes,
dentro deles enxames de morcegos.

*

[ÓBVIO]

Apareceu na sala esta maçã
tal na ponta do lápis a borracha.
Há uns degraus, existem os instáveis
explícitos chegando até o recôncavo,
fundo horizonte, algum recrudescer
vermelho ruge branco, ver as pêras:
cavar a transparência não termina.

*

A mesa, no à direita exposição
de certo abril depois, antes da estrela
um rascunho, presenças, gradações.
Peças de vidro guardam-se em si nunca,
o nome delas, tão estranho quanto
a tua assinatura neste quadro,
garatuja impossível de entender,
talvez esboço em língua anterior
aquela que é capaz do consonante
em dupla transparência innominable.

*

No armário oculta-se fechado o jarro,
a exposição à luz pode sujá-lo
de nuance ignorada, repentina
mancha de lâmpada solar, estranha a
tudo que isso renegue. Lua acesa,
os becos, os atalhos, entremeios
por onde deve alguém seguir a flor
da qual o jarro à sombra tem o líquido.
Preciso neste caso o remontá-lo.

*

[ATA]

O tabuleiro de xadrez, sem peças,
cubo exposto em primeira dimensão.
Campo aberto, vazio rigoroso
à experiência porto, duas luas
se garras caranguejas vão provar
nessa batalha tudo contra nada
sem começo nem fim. Não há partida.

*

O entomólogo sabe, gafanhotos
não repetem detalhes, cada qual
a armadura castanha e verde salta
com modo próprio. Percebê-los quer
conviver necessário de olho inédito.
Comportamento luz propõe o inseto:
ele vem desse raso ou a retina
espelha-se no ar, confunde o vidro.

*

do alto da estante a aranha vaza escuro,
assim prossegue a escrita, essa forma
da leitura reflexo, nada mais,
traduzir sem passar o texto a limpo,
feito por divergência, confluir
desse avançar do polvo contra a lua
entre cortinas, lençóis, lençóis d'água.

*

Os tapetes, registro e geometrias,
expor de geometrias, caminhar
por cima deles é o espelho o dentro.

[ÓBVIO]

Representam o espaço desta sala.
Bricabraque montado numa Pérsia
onde se pensam os espaços mundi.

*

Duas ambas ao préstimo das mãos,
quatro ou três hastes, o alfabeto inteiro
exige-se, qualquer ponto de vista
mostrará nesta sala mesa e vaso
com as palavras feitas lã, os nós
dados em quadras, éles e vogais
a pronúncia envolvida, as serpentes.

*

Teerã, caminho rumo até Ulân Bátor:
à esquerda, mas depois a violeta —
um vaso de olhos fúcsias, ou rubis
oscilantes no campo de vermelhos,
uma planície, uma escada arriba:
descê-la, ainda chegarás, paredes,
a esse mesmo detalhe no tapete.

*

A guitarra no canto, faltam cordas,
como ao relógio antigo falta voz:
parado o gesto se conforma, ícone,
as imagens inúteis, a justiça
em bronze e mármore, os olhos vendas,
o tempo recortado elas contemplam.
À guitarra lhe faltam cordas, três,

[ATA]

caixa de fúrias, convulsões, os grifos
que se retorcem em vontades crespas.

*

Algaravia percebida verbo,
sendo igual ver um prato, suponhamos.
Estando opaco o jarro é sopro e cobre
até que alguma chama o redefina,
entretanto se vidro ele é quebrável,
e a pergunta de novo apresentada,
o que fica em lugar da transparência.
O gosto ancora num vazio a fruta,
composto natural, algaravia.

*

O Ocidente será talvez contorno
para onde a margem oriental, bandeja
cheia de frutos prontos nesta mesa,
um presente parado a navegar.
Pergunta pelas ruas de Ulân Bátor —
onde o fogo resolve essa matéria
e a lua se divide em ambas partes.

*

O sentido que o vaso de cerâmica
sem flores, nesse exíguo — a bandeja,
é vertical tendência para o curvo.
Forno sem lenha, não sabe a rubi,
mas expande, quebrado, quatro foscos,
um brilho construído pelo aquém.

*

[ÓBVIO]

Percebe-se o possível gesto, nunca
avançar desse dentro a porta rumo
ao dentro desta sala, quatro, mero
estar sob o batente, refazer
a experiência cores, cor in vitro.
Nunca por certo o rumo sendo nêsperas.

*

Faz vento no limite desta sala:
na página do livro aberto à esquerda
não há desenhos, luz somente a luz
incide quando se organiza o sol.
Levemente azulado efeito d'água
desaparece ao toque a mão se avança
Fica o sal, a suposta prova o sal.

*

A chuva desenhada na redoma
esclarece num fósforo o relâmpago.
Expande-se em estalos e o canário
mostra amarelo o destilar do raio,
tumulto vertical e diagoniza.

*

Caminho de uma luz até outro escuro,
dado prestes ao jogo numa pétala
pronta ao abrir no ar os seus vermelhos,
essas cores possivelmente tácteis,
provas palpáveis desta circunstância:
escamas de amarela consistência,
são o desenrolar do dado, queimam.

*

[ATA]

Não se cala a distância até a parede
passeiam nesse vago alguns esparsos.
Para encontrá-los basta o movimento
da vontade encolhida junto à porta:
serão trelissos, outros uns retângulos,
mas há matéria predisposta ao fogo,
da qual nunca se sabe gelo ou quartzo.
Sempre mais longe o muro no deserto.

*

A prática resolve-se na mesa:
retalho de metal, filtro vermelho,
um bisturi, as pinças, precisões,
o pouco desta goma, logo feito:
a maravilha perde-se porém
pois só o mapa rupestre pode, falhas,
meias pistas de encontro ao presto e flux.

*

A mesa brilha seu verniz antigo,
reflete o escuro e expõe massa de luz
na superfície que é madeira e água.
O rio passa pela sala, longe
leste prolongamento o recolher
mutável no princípio circunstância.

*

Do vegetal imóvel a madeira
próxima permanece de si mesma
sendo outra coisa no formato vivo
à mercê da vontade que a tirou

[ÓBVIO]

do rio permanência para a malha
da condição instável entre os gestos,
sinônimo do horror, ou, suponhamos,
da intacta árvore, a matéria lua
nela mesma voltando esse concêntrico
pelos esgalhos modos do redondo
sobre os quais trabalhar produz a flor.

*

O batente na entrada não retrai,
do amarelo no quadro tem o fixo.
É dentro da moldura, tal espaço
expande-se no mesmo movimento.
Do abrir da porta mecanismo exposto
ao servir da passagem, outra máquina.

*

Além desta cadeira, aquém laranjas,
a romã incendeia. A cadeira
entende-se por sombra do pretexto
em que a mão ponto a ponto se refez,
exercício de apêndices, montagem,
mesmo resfolegar, corrente mesma,
mas a navegação vai pelas cores.
Menos se entenderá por longitude
mais latitude aberta a tantos motes.
Em qualquer caso, se movê-la, breve
o inédito da lua, pleno acesso
ou pletora do cravo, uns azuis.

*

[ATA]

A lei da gravidade não permite
as linhas desta sala por espelho
do traço que a si próprio redesenha.
Demonstração de lua fora o sol,
feita de única a mais vermelha foz.

*

Somam-se estatuetas, a recém
inédita entretanto igual a todas.
Olhos na altura exata das demais,
espera de uma próxima a chegada —
se é possível falar de espera em osso
com engastes, cristal. As gotas d'água
desafiam os citrinos móveis brilhos.
Pequenos sóis durante o dia, faz
noite agora, questões postas à sombra
e portanto sabidas nas folhagens
aqui presentes, sugestão de modos.
Além do idêntico, os movimentos,
nem mesmo a luz consegue repará-los —
assim no escuro expandem desinências.

*

Medir de palmo em palmo toda a sala,
calcular o expandir da lua fora
de si mesma por ser configurada
na terceira das sombras luminosas.
Primeiras são janelas de luz morta
das quais mormaço brilha o lado escuro,
segundo o alcance mouco destas mãos.

*

[ÓBVIO]

A espera fica ausente desta cena
organizada pelos móveis menos
o relógio, relógio aqui não há,
constata-se o empecilho sem recuo
nem avanço de tudo acontecer
num espaço, cenário em mutação
ao mesmo rio exposto, se mudando
faz desmanchar o barco, resta embora
a persistência oscura, mas ao lado.

*

Prato vazio e copo, foi-se a sede,
a fome guarda-se em torções vazias
submissas a si próprias, radical
em si posto, também o céu, um, mar:
o barco ao ritmo, a cadeira, bolhas,
peixes sem guelra pairam, mãos, mordaças.
Ninguém persegue os peixes, servitude
do silêncio, moldura das bandejas.

*

Desdobrar de paisagens se possível.
Fosse o vibrar mais próximo ao repente.
Essa chuva desperta o enxame de olhos.
Campo dos girassóis no chão da sala.
Em cada um deles nunca o visto pode.

*

Quantos exteriores são precisos
para termos a idéia da laranja.

*

[ATA]

Tais gestos claramente — nenhum texto
apodrece a buganvília —, só mostram
o falar numas sombras, a ferrugem.

*

Palavras coincidências, sob moldura
de sopro vão levadas, não portanto
escritas, mas se escritas são o próprio
do toque. O problema e sempre o nó:
cavalgar o galope, tantas mãos
conseguem um formato labareda.
A madeira do verbo se incendeia.

*

As roupas aparecem no sofá,
composição azul em espontânea
formação, ver o vôo dos velhos grous,
mas nenhum deles volta, vão seguindo
um trajeto ao redor, esfera e olhos,
estes sim, móveis, varrem todo rastro,
as roupas no sofá, os quais cenários.

*

Atrás dos móveis um indefinido
entre parede e a cor supostamente
num vário de nuances, mas ninguém
poderá resolvê-las, qual seria
quebrar um ovo por querer mostrá-lo.

*

[ÓBVIO]

Desloca-se o animal feições crustáceas,
cresce todo tenazes eriçado
em algum canto deste aquário; presto
ele se move todo espanto agudo,
qualquer gesto por ele percebido.
Estrutura vibrátil, conseqüência
a defender, esgrima só tenazes,
o espaço pressuposto; os vermelhos
comprovam-se por osso dos escuros.
Os escuros, somados dão em ouros
pela pletora rubra em movimento:
cada gesto provoca mutações,
reviravoltas dentro do olho a cor
arma-se nesse breu, escudo em fogo.

*

Ou no demais portanto palmilhar
a extensão de parede até o batente,
sem nenhum mapa nem para perder
o norte, tendo entanto norte ao norte.
E nem sul, leste oeste aqui convêm,
posição refratária a artifícios,
um sempre caminhar o caranguejo,
dois. As mãos repercutem, são tenazes.

*

Observar o correr dos passos, plano
inclinado à direita de quem entra:
acumulam-se em pilhas, a pirâmide
cresce, perigo novo, sempre a areia
desafios com lua posta ao canto.
Os triângulos e círculos misturam-

[ATA]

se na acumulação pedra mais pedra:
ninguém já poderá na casa entrar,
constrói o fora eliminando o mesmo.

*

Conquanto caminhando se perceba
a distância maior em cada coisa
e aquele entre os escolhos pela sala.
A mesa e a lua valem peso igual,
assim o girassol por sua ausência.
Não são reflexo nas retinas, conchas,
e nelas a presença por recuo,
escrita sem leitura nem reflexo,
resolve tanto a lua quanto as mãos.

*

A luz nunca desenha, ela aceita
a situação plana, este apagar
em disposto tão vário quanto as cores.
Outro passo, depara-se o abajur,
dentro dele o artifício prova o fogo
único efeito aberto, pretender
o se encontrar diverso, a função
propondo o moto próprio sem função.

*

À esquerda então percebes o possível
da rosa colocar-se bicolor,
não absoluto rosa nem vermelho,
exatamente do carvão ao rubro
o limite se impõe, temos um roxo,

[ÓBVIO]

do sol última cor, segue-se a pausa,
estojo próprio para a flor na sala.

*

Impossibilidades, avancemos
uns contornos vermelhos, as esquinas
desenhadas nos muros, são de vidro
preso à madeira, conjunção veloz
do entrever desinências, há ruídos
vários, prováveis, cítricos, duraznos.

*

Um dentro do cristal, o conversar
de fruta estando líquida se espraia,
será o olho desperto, suco e brasa,
nunca madura redondez, produto
de mão e sopro, impraticável mas
a qualquer nova intervenção do moto
feito carne medida pelo gume.
Outra lua de luz estranha em torno —
tocar está depois do espaço o vidro.

*

As paredes repetem a si mesmas
sem resposta, escasso perguntar —
diálogo aquelas duas ou mais luas.
Que sempre em Ulân Bátor haverá
a lua redundante, peso e cor,
inclusive a linguagem será mais
a fala desta luz posta no teto,

[ATA]

contingência dos ângulos, concreto
mesmo, paredes colocadas, crases.

*

Do branco da parede à equivalência
da janela se estende um longe e mais.
De limite a limite verificas
as planas espessuras da cal, fundo o
aqui se mostra pressupor um ácido
escuro, claro, vidro exposto à luz
onde reflete a gota d'água o olho.

*

A exposição de estados impossíveis
nada exige, nenhuma estrela foge
escuros. Duas mãos se depositam
ao lado de um relógio feito de água —
as engrenagens líquidas trabalham
e essas mãos se conjugam, fazem verbo
o silêncio mergulha pela chama.

*

Entrar por fora, perspectiva aquática
contida na vasilha mas exposta
sendo o livro fechado sobre a mesa.
Um copo — se reflexo de algo — fogo em
cobre sobre este qual a transparência,
viéses, repassar pêlos oblíquos,
o liquefeito, a solidez dos olhos.

*

[ÓBVIO]

Um navio atravessa reticências,
passa por mãos, os dedos multifários
já penteiam as cordas da viola,
velas armadas, um seguir em torno,
seguir em torno sem ficar menor.
Assim o devolver da luz à lua
crescente, sombra aberta a qualquer cor.
E os dedos ágeis dançam tessituras,
se este barco por mãos, cordas feridas.

*

O piano barcarola as águas vivas
sob comando de uns dedos tergiversos
que rebatem as cordas da viola
tangendo as ondas, as manadas bravas.
Velas armadas, um seguir em torno,
seguir em torno o qual nunca se explica,
sem partida nem termo ou tradução.
Nem se sabe se em torno ou ir aquém.
Assim o devolver da luz à lua,
crescente sombra aberta a qualquer voz.
Os dedos mesmos vagam tessituras
e então larga o navio entre os azuis,
velas movem as nuvens. Prospecções.

*

Revela o toque aos olhos o contorno
da claridade em volta do não visto,
a parte externa se conforma luz.

*

[ATA]

Entrar no fora e nisso contar a água
contida na vasilha mas exposta,
sendo o livro fechado sobre a mesa.
Um vaso, se reflexo de algo, útil
cobre montado pela transparência,
viéses, amarelo repassar
do liquefeito, solidez dos barcos.

*

Os objetos, quebrados ou inteiros,
gotas d'água, pedaços de granito,
uma farpa, madeira e liquefeito
aspecto da argamassa, demonstrar
as possibilidades mesmo inertes.
Os objetos, quebrados ou inteiros,
em apenas versões da integridade
do sol, e não será também um só.
Mutações, o momento integridade.

*

Cada concha guardada representa
uma peça de branco pelo côncavo.
Colocadas ao lado de uma, de outra,
forma-se a frase branca mais nuances.
Cacos preservam o contorno o som.

*

Uma parede lisa em seus conformes
junta-se à outra, pétalas seguintes,
páginas, caracteres com leitura

[ÓBVIO]

de estilhaços suspensos entre o chão
e o limite do ar contendo o ar.
Dentro zumbe o inseto em asa e cor,
o motivo porém desta escritura.

*

Num diagrama o caminhar se faz
deslocado de um centro dessa esfera
móvel também ao oscilar na sala,
quatro paredes mais as aberturas
que sem metro comprovam a extensão
da frase em espirais: a rosa vaga.

*

Mas passas entre os móveis facilmente,
os humores, os jeitos, tu conheces —
brinca um pássaro dentro da poltrona,
a mesa cresce diálogo de nuvens,
quadrilátero, soma dos pronomes
rigorosa, redonda vista em si,
porque só assim consegues escrevê-la.
Nada disso fará o estar por dentro,
anônimo tu segues, intocável.

*

Os fantasmas conhecem um por um
de todos os presentes pela sala,
seja à mesa, também nessas paredes,
tateiam rastros deslizados, líquido
capaz acaso de roer os móveis,

[ATA]

de gastar coloridos, as paredes
onde estão permanecem muito pálidas.
Mas só fantasmas sabem, ou nem isso.

*

Copo quebrado, flores soltas pétalas,
cenário para cordas mais a flauta.
Voz nenhuma, somente o marulhar
começando no chão, eco lunar
em estilhaços de silêncio táctil.

*

Amanhece ou, embora nada mude,
alguns dos movimentos são ruído
nesse silencioso plano vário:
um recorte no ar, sem dimensões
terceiras, mas a sétima talvez
brilhe as intensidades nessa tábula.
Portanto vemos outra vez a sala.

*

No começo da página existia
o nó nem amarelo nem vermelho,
nenhuma cor, passagem entretanto,
talvez limite, posto que rompida,
do azul, do verde, sombras e jaezes
daquela nota muda, plena embora,
tal o aspecto capaz de tantas faces.

*

[ÓBVIO]

A decomposição do azul em verde
ao lado de uma folha e amarelo
faz supor o limite dos escuros,
regularmente pelo sol varridos,
na hipótese de ser a luz o sol
e jamais o que em si vigia a treva.
Essa luz nunca mostra pelo invés
o ver exterior, e com leveza
faz dela a folha parte incendiada.

*

O vermelho, de igual modo o vermelho,
também o verde, todas da paleta
mais as do mar com seus dedilhamentos,
uns dentes penetrando na salsugem,
ondinas, os cabelos água e sol.
À noite o fogo fátuo, ardentias
livrando labareda em prato raso.
As cores, movimento, as versões,
vinho em vinho oceano a própria fonte.

*

Propõe-se a transparência como a cor
primordial, manifestar-se pleno
o em volta pronto ao tactear do ver.
Naquela química compondo a luz,
sem a qual um escuro não se faz
nem três exclamações: vermelhas fúcsias.

*

[ATA]

A diferença no fazer consiste
detectar extravios que sustentam
a exposição da cor numa redoma
e na palma da flor, uma se quebra,
outra se solve, solução em ar.

*

Descobertas possíveis se demonstram
pelo instante imprevisto, além maçãs.
A distância entre cor e forma some
dentro do vidro um golpe de olho e não.
Prato em cima da mesa, a bandeja,
constelação de luas, céu em vidro,
intensidades práticas e brancas.

*

Identificações, talvez possíveis
jogadas de concretas conseqüências
ou entrecruzamento dos vermelhos.
Planejar que se afasta para os cantos,
daquelas cores a mistura cega.
Delas brotam demais tons, as nuances
a si próprias explicam exegéticas
numa expansão maré, também são nuvens.

*

A espessura separa o olho da cor,
frase contida no vermelho oculto
provavelmente dentro da gaveta,
e de igual modo no entreluz, a sala.

[ÓBVIO]

Não chegarás até o motivo posto,
como, provável, nunca entraste aqui,
espaço aberto para o sol, ferrugem.

*

A pele separando o ar do ar
absorve brilhos, as figuras planas.
Desse através se fazem todas, círculos
por causa da inteireza ao modo líquido,
mas tudo transparece pela esfera
num mover sem tropeços, caracóis
capazes de um ao outro fecundar,
como a seqüência sempre, as espirais.
Ora, até o recolher agora à casca
ou da mão em descanso, outro tema.

*

Formam-se as ondas em qualquer momento,
as jóias de imprecisa consistência
conjugam variantes em si mesmas
como um acontecer feito de fósforo,
depois prosseguem sem deixar sinal.
A sala por exemplo volta ao roxo.

*

Os tantos rastros postos neste vidro:
a especificidade do cristal.
Palavra por arestas palmilhada
com cuidado o perigo resvalando,
prova o surdo enxergar ou os morcegos,
um veludo tecido em violeta

[ATA]

e no entanto se acende, são libélulas
paralisadas, estrutura em luz —
a aranha explode o ar, especiosa.

*

A aranha abre e convém, fecha a maçã
ali guardada no seu ventre, pronta
a se mostrar ao toque, oito patas,
mas dispostas refém ao pizzicatto
de nada dedilhar, pelo que rápido
torna o mover a própria fala mouca
a não ser para os tímpanos do vidro.
Pudéssemos ouvir alguns vermelhos.

*

A luz vem dessa lâmpada e do sol,
o escuro, se uma fonte, não será
como a vasilha em sua integridade.
No entanto, se a laranja e o amarelo
coisa só, consumir-se do citrino
o vaso que partido permanece.

*

As cores desenhadas nas paredes,
talvez se removidas mostrariam —
os restos, a poeira, chão imóvel —
o princípio de algum renovo, texto
em minúcias, estelas ponto a ponto,
compactamente vento e pedra feitas.

*

[ÓBVIO]

A idéia de fronteira na maçã
divide o mais redondo de um vermelho
posto na mesa. Pouco segue disso,
a lua não virá para esta sala,
nenhuma estrela vai chover manhãs.
Portanto ficará mais noite, noite
resumida num gesto, num lilás.

*

Os indícios são cores na parede,
cada uma sendo chuva por e por,
arcobaleno em líquida aparência
contornos. Desmanchar verdes, azuis
nisso até o se mostrar vermelhos, planos.
As pistas sempre abertas. Esses pássaros.

*

Uma janela móvel se inaugura,
mesmo não percebida ela persiste.
Poderá, ao acaso, coincidir
com estrutura e forma do cristal
que teus olhos, efeito da luz, vazam
o mais, funde-se em ocre azul ou branco.

*

Anônimo o conjunto se põe formas:
linhas, cores, nenhum choque ou acordo,
algumas cores, linhas, massas flácidas
e aqui flagrantes de si mesmas, olhos:
tu também elemento do cenário —
pudéssemos ouvir as sobrancelhas.

*

[ATA]

A distância entre espelho até parede
na proporção exata se calcula
no mar em torno desta caixa posto.
Não há, portanto, nada menos próximo.
Não existe parede nem saída.

*

Os passos se acumulam pela sala.
Na primeira passagem não se via
rastro nenhum, a volta de alguns vários
e sobre esses, que vinham outros novos
controversos se põem e vêm, vão mínimos
espaços do tamanho, pois, do sol.

*

O amplamente passar variações
e imperceptíveis. Deslizar as vírgulas
na expansão dos cardeais oito, pontos.
Assim lavora a natureza o dela,
substâncias caracóis, crescer as cores
de propósito apenas navegável.

*

A concha aberta fecha-se completa
igual a mão se faz antes do gesto
e a voz, eco de não se sabe agora,
desfeita flor em sais, portanto exposta.

*

[ÓBVIO]

A superfície colorida põe
um modo incerto de mostrar a luz.
Caminhas entre claros com os olhos,
há uns lagos redondos e sem peixes.
Ou marca de outros olhos que refractam.

*

O formato dos sons produz a prosa,
os acordes perpassam o retângulo,
papel exposto ao lixo ou, escrevendo,
tergiversar circunferências para
lavrar oscilações, raízes líquidas
num certo descompasso em retração.

*

A mesa mais convexa reproduz
o efeito de um olhar entanto côncavo.
Assim o céu na sala se põe cavo,
repete conversando o avanço curvo,
a esfera mal disposta no entre claros.

*

As cores e a parede se demostram
no branco pelo azul, não são as mesmas
mostradas neste céu de fim de nuvem,
próprio fechadas, dobram sem recortes.
Além do sol está o reboco gris —
duas cores mostradas, o de fora
pelo outro, pelo sim a curva do olho
desenhada nos ângulos, a sala.

*

[ATA]

Notícias esquecidas são um livro
não escrito, confundem-se as águas
feito páginas soltas, mas nenhuma
emerge com a voz comum, imprópria,
registro manco em dobras. A moldura
repete, ver a coleção de dunas.

*

Percorrer, olhos num perfil agudo
pelo torso. As mãos são obsoletos
instrumentos de apoio, avancemos:
expansão, a maré bate em ressaca,
as paredes perdendo cal e cor —
correntes, remoinhos, lago pleno,
dentro dele cascalho, violetas.

*

Algo se observa após desentender
um fio d'água. Corre pela fenda
a luz, se acende dentro duma pedra
e mostra as linhas, ângulos compostos
ou tentativa de quebrar a esfera.

*

O mar desaparece ao sol da sala
que inunda refazendo tais figuras —
esperavam, atrás dos móveis, novo
momento de mostrar com suas sombras
deslocamentos próprios em surdina.
Esse som costurado por sibilas.

[ÓBVIO]

Dentro das ondas elas, embaraços,
o fato inédito à mercê do mar.

*

A cor, toda espessura, ar e sopro.

*

Teu situar no súbito esta sala
impõe um gesto obrigatório à mão,
fora de alcance os olhos pairam fixos.
Desse vaso provém tanta paisagem
ao redor, para cima, para a rua.
Insurgir neste plano, a cadeira,
a voz se expõe ao refractar: cadeira.

*

A voz suave e firme brota, líquida
escorre do guardado nas paredes —
simulacro da rocha essa vertente
capaz de colocar na sala o gesto
inaugural da fruta primitiva.
Depois se apaga, mínimo cristal.

*

Organizar o descrever não é
estar de acordo com a rima rouca-
mente mas trabalhada em ouro branco,
nem mesmo estar seria, pantomima
sem futuro, talvez ação da cor

[ATA]

sem futuro abolir verbos, sujeitos,
entendamos por isso quantos nomes
o,
a visibilidade da maçã.

*

Em cada movimento, mesmo escuro,
a paisagem se mostra pelo agora
de um fruto por colher e por talhar
posto em cima da mesa feito um ovo
e tanto quanto longe desta mão,
de qualquer outra, mesmo quando o polvo,
o incompreender perfeito com o mar.
Rocha distante de Colombo à prova,
nem começo nem fim, maré contínua,
nos rumos todos contrafeita, cristal o iludir de arestas aparências.

*

Dizer a luz está apagada faz
concluir: ela permanece oculta
nessa ausência suposta em redundância,
suposta apenas, pois jamais o círculo
pela seqüência destes extramuros
em espirais sem ponto rascunhados.
Observa-se portanto esse desastre
além do acaso desmanchou, a traça
ou mais na qual a lâmpada confunde
com o seu resultado aquém da prática,
ressoando nota cega este apreender
o vidro, muito menos a laranja
aberta em tantos gomos no que as mãos.

* * *

SHUKUDAI 1

(O não proposto estar neste terreno
devoluto ou a página, um sol
em luas que não cabem num só plano
da página e da pele qual vibrátil
diamante o tornar contrária luz.)

(O não proposto afasta o se fazer
solitário, montar neste terreno
devoluto ou a página, um sol
diamante o tornar contrário cai
e ocorre claro impulso de contorno
em luas que não cabem num só plano
da página e da pele qual vibrátil.)

(O entalhe se reduz ao avançar
do lápis caso se comprove o termo
matéria secundária. Para a destra
deverás o relógio transferir
e ali permanecer o sem programa
de memória: dispersa a borboleta
respostas em azuis alguns e brancos.)

tal esta mão ferente com senões
tateia o antes do texto pronto a fala
se retrai, engrenagem caracóis
e então alguma espécie de maré

O caranguejo na água começa nele
mesmo ou nela sem que a lua se dê volta
espalmando-se em algumas direções,

[ATA]

        um barco, não mancha de óleo ou espuma
        coalhando a oscilante coleção de olhos,
        um cacho de reflexos pondo-se todos
        mais resultado de ver que pelo visto
        o milimétrico o navegar os sóis.
        O mergulho rumo à lua transparece
        este artrópode mole, observem, ele
        os palmeia, ondeiam o céu num sempre
        vai em redondo quebram sem osso e sal

        entre o granito do chão a terra e o céu
        a carne coagula as articulações
        em nós desfeitos em seguida mas soltas
        armadilhas prestes a si mesmas vagas
        de si mesmas expostas móveis portátil
        expandir de algas tentáculos cardumes
        buquês água forte prontas a tornar-se
        cor pensa os amarelos reflui vermelhos

        o molusco espalha por cima da terra
        em cima do pano por baixo madeira
        transparece vidro faz ondas é vírgula
        depois areal considerando o úmido
        formula alguns peixes revolve em si mesmo
        ou ursa-maior recoloca-se hand

                        * * *

SHUKUDAI 2

as refregas não se encontram a jusante
nem o parecer das algas enverdece
mas um oscilar em colunas a luz
curva e dobra o cipoal emaranhado
numa charla de aranhas caracoladas
nelas voltas sempre mais algum veneno
ressumam farpas mais prováveis além
mares o expandir da profusão lunar

*

nem a montante vão estar as coerências
nome de serpente anéis especiosos
tentáculos fortuitos no súbito ato
será mais fúcsia o que verte das dobras
inundando os ritos pelos quais lagostas
praticam o irrequieto estar vermelho

*

a espuma revolve dentro dela sóis
voláteis pela superfície se acima
da água é pensada como senões à flor
senões ágeis móveis olhos desfazendo
os sóis e levam para o fundo submersos
exemplares do silêncio vão os peixes
em busca de si mesmos viagem líquido
espelho abrindo para outra mesma imagem
as versões do peixe insistem variar

[ATA]

ou a técnica do sempre confundir
esse mesmo que em si mesmo se vermelha

*

A ossatura exterior característica
está fora de cogitação se é que houve
alguma vez tal fantasia sem ecos
nem moeda capaz da quebra discreta
trocada em desvantagem pela fluidez
na qual se dá um mexer-se quase em si
e avançando indistinto menos de sombra
passa dentro das luzes dizer das águas
dizer dos ares dos campos liquefeitos
dizer dos astros a versão luminosa
nela se constata o esplender mais redondo

*

Capaz de desvestir ossos não a carne
por sabê-los exteriores armadura
pronta ao serviço organizado artifício
referência entre outras máquinas submersas
o desdobrar de ferrugens variantes
todas elas por inúteis descartadas
pela expansão e contrair já sabido
além do se repartir em movimentos
rumos habitáveis manchas desabrindo

*

Já não haverá nenhum circunscrever
após o constatar e toda ossatura
é o que fica fora embora dentro morda

[Óbvio]

e nisso consome dela autofagia
o raio nunca estruturará o espaço
enquanto as línguas no perlustrar a lua
um verter às vezes a transposição
percebida entre o vibrar entre as anêmonas
quando rompem a placenta cujas coisas
e de repente colorem mas sem sol

*

No compreender das ardentias prolixas
nada constrange tenazes são supérfluas
com o que se dá o esplender do crustáceo
e a minúcia de todo mover-se em luz
própria porém a fonte não está nela
entende-se ela pelo se expor crevette
num seguidilho encachoeirar pizzicatti
aos olhos é frisante gosto azinhavre
portanto alguns metais ouro e turmalinas

*

A flor vermelha ilumina dela toda
imensidão e mexe move refrega
fuzuê de urros o quebrar das telhas louça
desprotegida expondo o que não tem dentro
o vórtice em mergulho para esses altos
onde o derreter se faz mais pleno e frio
aço em brasa além do ponto feito branco
um camelo coice quádruplo no céu
abrindo o chover das ardentias mas
não cai uma chuva permanente calando
a flor vermelha apaga-se dela toda

[ATA]

relampagueia depois resume-se em sépia
até o abrir de novo num exatamente
descolocar-se em cílios manhas e lábios

*

O revôo alto é triangular na estrutura
nervosa asas as duas exposições
do corpo embora o pássaro faça vôo
corrige-se pelo impreciso no sendo
o se abrindo ave expressão de duas alas
sempre prontas a voltar ao primitivo
original isolamento de que o
pássaro não sabe. Nenhum documento
comprova seja rastro seja relógio
parado em hora sem retorno a existência
entrevista de ave sem delas vontade
repete-se a angústia vermelha na esquina
com que em negro se dipinta o casuar

*

A árvore forma-se dela qualquer casa
os tijolos esta mesa e instrumentos
usados para romper este silêncio
que é a matriz jacarandá da casa o sol
toda a coleção de ruídos cadeira
mais a lâmpada a disposição das mãos

*

A água nunca é maleável faz sujeito
não objeto modela jarro e bacia
pela própria condição um envolver

[ÓBVIO]

inda que dentro ela mostra ao utensílio
seus limites de volume e mais também
de utilidades o sentido da concha
transfere-se para a mão ou talvez num
vice-versa a mão não segura a água mas
um rio prende a terra e faz do sol pretexto
para prender-se a si mesmo flores roxas

* * *

[ATA]

AS APROXIMAÇÕES

O brilho retorce em folhas
assim como a maré quando
se expõe recolhendo o olho
do nunca visto em flor pela
qual se sabe gesto e sombra —
detalhe ou movimento ou
oscilantemente e alterna
o sol exposto em maçãs,

toalha estendida à espera
desse repasto primeiro,
o serviço antigo, espécie
de agricultura aqui feita
neste espaço já sabendo
cada detalhe e mover
sob céu sempre flores, nunca

abolido que o azar,
mesmo dado em outra hipótese,
fóssil equação, nem seixo,
fogo plano menos zero —
em volta aproximações.

Um recuperar a fera:
são viandas e farpas bravas
em fórmulas e redomas
ao dispor contra o amarelo
os cítricos frutações
folhas palmas o cascalho
aparência de contornos.

[ÓBVIO]

Se chovesse onde haveria
as injunções mais os ângulos
e depois novos degraus
suspensos apenas sem
portas janelas cortinas
ou nada ocultam apenas
como se não fossem peixes,
um se colocar advérbio
Somadas fazem triângulo,
portas na própria presença
não para abrir nem fechar,
são espécie permanência
que o tacto vai ou rejeita,
mas ásperas vidro e lodo
tábula funda em ruído —

eles voltam, os ruídos,
no instante em que ela se origem
é laranja inexistente
nesta mesa, no pomar,
o deserto ou a romã.

A fruta o garfo o apetite
perdem vermelhos e roxos,
intensidade reversa
aquém do modo redondo,
nuvem com forma pesada
entendida impenetrável,
plural nos gestos poréns
em que certezas voláteis
instalam-se plena rosa
ao redor ponto nenhum;

[ATA]

a retina sem retorno
nega o seu girar redondo,
talvez refira o altiplano
pelo contra o impossível
dessa palavra sem tacto
ou alto, plano e profundo,
meridianos ausentes,
orientação que num prato
não seria convergência.

ninguém escreverá coisa
na lousa de porcelana
contrária às cicatrizes.
Um estar preciso aqui,
algo de incisão ao ponto —
sem cortar a transparência
na leve capacidade.
Quando esmaltado esse ar,
o vôo se propõe contínuo
inda quando algo ademanes,
os padrões da pequenez.

O caminhar se coloca
pelas asas boquiabertas
num ar anfíbio e vibrátil
aos toques dados na rede
sem reação em cadeia.
Um círculo inteiro move-se
conforme o titubear
em que as certezas se põem
com a precisão das pálpebras
quando permitem passagem
de um escuro para o escuro
sendo sempre a mesma trufa
inda quando o gosto muda.

[ÓBVIO]

Não falemos mais em cor,
nenhum passado, presente
às inferências redondo
embora todo abertura,
não círculo nem quadrado
neste abismo sempre fala
qual acaso nada mais
algo que recorta e falhe
o sopro de cada pêlo.

Talvez um sol liquefeito
coloque-se no princípio,
um sol quebrado entretanto
sem o incômodo, que o astro
trocado então pelo fértil,
a pletora peixe podre
expondo-se movimentos,
pútrido falando os gestos
para si mesmo voltados,
porque enfim trata-se disto —
monólogo frase a frase
uma com outra apagando
uma chama que ignorasse
a presença de outra aranha
como forma de entender
a própria presença móvel,
ponto a ponto no tecido
sem poros, massa de golem,
estrutura e ao mesmo passo
conjunto pelo interstício
em que um mais um se comporta
relendo-se entreatravés
ou espelho convergência
mas então nenhuma luz,
nenhum vidro se penetra,

[ATA]

O dicionário que vai
palavra a palavra menos
mais uma, não haverá
depois disso um usuário
para a fala em contra sombra
sem ter barra no horizonte,
nem por simples desinência
depois do último degrau
numa escada nem subida
nem descida, frase inútil
contra o vazio da sala —

apenas fúcsia e laranjas.
Nenhum vero sol fará
o brilho do olho, canário
inteireza tão sem dobras,

a lâmpada em retirada
não deixa vestígio, cai
dentro dela e permanece
o espaço tão mais compacto
quanto o deslizar num vôo
feito em si mesmo, sem olho
cego nem clarividente
nó, flagelo de seu toque:
ao prender-se mais expande,
simultâneo remontar
ou fazer de novo espaço
no somente espaço havia,

expor o ruído à prova
do silêncio e convergir
a placenta em tergiverso,
fósforo, jogo esses peixes

[ÓBVIO]

quando a cor da rosa diz
pela farpa perceptível,
uma lanterna em princípio,
nada mostra além do escuro,
a insuficiência, rasgo,
rio em desdobrar vermelho
para as gargantas sem cor.

São tantas mãos a ciranda
embora jamais se falem,
quando obstáculos apenas,
entenda-se pelo código,
peças de prosseguimento
engrenagens, mastigar,
como a ostra não mastiga
ao modo do hipopótamo,
ela se abre numa pálpebra
sem olho dentro, só fome,
não ataca, bebe os mares,
prosseguimento oceano
ficando enquanto persistem
as águas e nunca deixam
de entrar nas águas o sempre,
alguns caranguejos cabem
e por isso estão imóveis —
a carne deles se come,

*

o interior faz iguala
com o som coagulado,
bolhas, não há superfície,
apenas um remexer
de crustáceo mas vazio

[ATA]

no digerir necessário
não ao passo, ao estar
num redor de mesa posta
sobre a qual quatro paredes
dobram as expectativas
em curvas, reflexas curvas
o propondo as espirais.

Nenhum hipocampo, raia,
um estranho feminino,
que aqui vem muito a propósito,
a manta, devilish fish
arrasta-se em contra-espelho,
som que batesse no espelho
e uma vez quebrado o vidro,
colocar a lua frente
à lua, pronto entender
de um círculo sobre o mesmo,
sob o claro a vera lua

— cada instante nunca leva
que talvez nem seja instante,
pôr a ausência desta pétala
no lugar onde ela falta,
desmando, um revelar,
colheita por entressafra,
visto a sede nunca mata
a si própria, nem a fome,
caso não encontre à vista
essa consangüinidade
espreita no quarto à sombra.

[ÓBVIO]

Ela se fabrica, pronta
quando entanto descoberta
pelo sutil mais que a voz,
o envolver da língua prenhe
numa fenda, mas total
a fenda, um panorama
sabor e gesto sem cor,
a cor se faz pela boca,
o vermelho mais farpado,
a papaia nunca aberta —
sua plena exposição
do amarelo faros verdes,
dolina prenhe, os vagos
em palpável concretude:
um olhar se faz concreto
quando se nega uma vela
fora o possível da chama,
uma caixa e dentro dela

um pássaro não está,
entretanto certa música
expõe as várias escalas
para receber os ecos
de solipsismos nenhuns,
dos palimpsestos, os mais
guardados em transparência
absoluta que se faz:
uma laranja não abre
o colorido o guardado.
São as sementes por ela,
rumor na periferia —
outro ignorar se desflora
desde que desfeito o antigo
repassar em mãos veludo,

[ATA]

terciopelo as ardentias
existentes para apenas
mostrar o som altamente,
as ondas, os regurgitos
numa boca que sem corpo
sabe somente a si própria,
tanto assim quando tritura
desaparece no seu,
existência enquanto verbo
e só verbo nada menos,
existência de semente
que ficasse sem gorar
num estado plena fruta,
caso mostre-se no avesso
em prato, também no chão,

mas por causa das tais vírgulas,
a matéria em suspensão
permite falar maçã
este espaço sem retorno,
ou paisagem, ela abole
a direção fora e dentro,
um passível ao tocar
na totalidade alguma
intenção, a serpe que erra
o ataque fica no espanto
as aspas perdida a vez,
vão restar dessa maneira
prontas apenas, bem claro,
quando houver novo motivo
numa rasa redondez,
canal, um fosso se abrindo
no momento em que amarelo.

[ÓBVIO]

Um movimento será
atração ou avançar
rumo à mesa com retorno
à mesa. O brilho esconde
algumas vertentes, seixos,
arrebentação serena
num planeta circular
ou nos toques da navalha,
minúcia posta agressão
ou corte em busca de corte,
falha nessa geografia
cheia de mares sem mortos —
quando muito um lamaçal
com seus ruídos por obra,
sal puro vidro, matéria
que se rarefaz na lixa
anulada pela água
branco todo sal se anula
pronto em água se dissolve
no prévio cristal, o mar,
uma espécie de envelope
se entendermos eis a ostra
deslizando pelos dedos,
areia vaga ao redor,
mas o que será da areia
após o sol abolido
o retrabalhar em sons —

uma flauta guarda nela
a seqüência caracóis,
que tanto cresce e aumenta
quanto mais absorve e faz
o instrumento principal,
a casca grossa, a junção
entre as asas com seus pêlos

[ATA]

        e agora o diminuir.
        Tudo cabe na laranja,
        basta atentar ao seu som —
        um expandir, o pulsar,
        as cascas, os olhos nunca.

            * * *

[ÓBVIO]

MÉTODO

O desaparecimento dela ocorre
com a mesma precisão de ponto exato
em que a flor se inclina fixa o ar a cor
de vidro quando o vidro tem cor de claro
dentro dele a fera ganha tempo e espaço
trabalhados em detalhes verdes ouro
a flor sem presença abre mergulha após
esplende sol disposto na frente os olhos

*

A janela mão aberta vai pegar
um espaço dividido nuns demais
assim faz o olho da pantera de dentro
do espelho avança rumo ao fora que pega
a lua na sala também céu janela
por extensão da vista capacidade
de prender porém vai livrando volumes
sombras as cores inclusive moveres
revoluto pegar-se de água com onda

*

Quanto a saber as mãos impõe-se encarar
os olhos da pantera eles são as garras
dela apenas não vacilam quando mostram
plenos pelos desvãos do espelho um acordo
com a chama recortada dos cristais

[ATA]

        modo de seu ataque aquele relâmpago
        em detalhes brota do choque da luz
        com espanto o rigor repete se avançam

* * *

[ÓBVIO]

SHUKUDAI 3

1

Pode-se então convergir esta flor,
agora colocada em posição
própria, que enfim será de qualquer uma,
pronta. Rima não haverá na quadra,
pois tal nunca seria idêntico àquela,
mesmo se feita por inteiramente
um quase mesmo espaço, cor e cor.
Sabe-se claro nem espelho ou eco
correspondem ao princípio, não deles,
mas de frases divergentes, que fontes.

2

Reflexos servirão ao conferir
a possibilidade da distância,
se figurada num espaço sem
volta, congelamento pressentido
rente, esbarro firme, gume aberto
ou dois olhos, as fontes divergindo
embora esgalhos ao falar, corrente
no sentido conforme de prender,
inda com o aparente difundir
em dimensão vermelha, o amarelo.

3

De longe é garça o perfil, branco e barco
que ao alcance da mão carrega a mão
para um vazio oval, talvez redondo

[ATA]

  invólucro vulnerável, a carga
  ampla, descolocada, sem defesa
  como um risco antes do crime arremate,
  caso a mão não se afaste ou paire curto
  complemento para a vista, paisagem
  disposta inteiramente em suspensão,

4

  Ao exame ela se permite grande,
  dir-se-ia aproveitasse faminta
  as ondas, a cascata, o lago folhas
  com que a inunda em variedade líquida
  desse espanto pluriforme, as cores
  ou movimento prestes a prender
  gesto nenhum, apenas esse fixo
  percebido no quando já não há
  o que grafar e a mão se reconforma
  ao refluir dos olhos, céu aberto.

5

  Nesta mesa ou naquela latitude
  lunar, em cima das águas, da areia,
  não se expande nem retrai, ao contrário,
  algum tempo permanece em si mesma,
  antes que o modo, também posto nela,
  continue a função, qualquer advérbio,
  num complemento que se faz estanho.
  Daí o romper, dúvida em teu prato.
  A comida desaparece, guarda-se
  para nenhuma fome, fica o pássaro.

[ÓBVIO]

6

Mas então latitudes, meros, dália,
rosácea mergulhada nuns azuis,
certa freqüentação voltada em fogo.
Um expandir do branco ferro em brasa
e no seguir a chuva, móvel texto,
que a lua passa sem reserva, mais,
sem deixar rastros, menos esses vagos
uma terceira impossibilidade
sobre a qual fala-se nesta conversa
por fora dos espelhos, simplesmente

7

porque espelho será sempre plural.
Antes e depois, abertos os leques
num ensaiar para a rosácea plena:
a dominante cancro decompõe-se
em nome desse círculo provável
montado nuns detalhes circunflexos
por questão de pronúncia, rito e jeito
concentrados, portanto o fugidio
confirme o brilho, sua autonomia
sobre o equívoco egípcio, sol nenhum.

8

Nenhum sol, nesta mesa ou latitude,
somente e não apenas a figura,
presença deslocada, ponto em fuga,
impõe-se como nunca referências
numa passagem entre espaço e espaço.
Não propriamente fumo nem serpente,

[ATA]

elipse que partiu de um todo à margem
sem impor, largo passo oferecida,
do nenhum modo longitudinal
como de início aparente uma flor.

9

No mostrar exposições ton sur ton,
insiste em decompor a luz na luz
tão reflexo, conquanto sem espelho
nem água para fazer a de vez.
Porém corrente no sentido móvel,
fluxo que se repõe a torto e flux-
o extático, se mexe é o próprio peixe
desde que visto através de uma escama
só, então contra nenhuma candeia
e nem sujeito, basta o comparar.

10

O ponto em fuga é o fruto sem nenhum,
concentração num vento, flor dispersa
em remoinho, tais explicações
à direita e à esquerda, ambas fora
desta sala, qualquer um porto fica
à baldroca, deriva traduzida,
a sem nenhuma cor e transferência.
Algum som vai chover pelas minúcias,
ou o passar caranguejo, que nem
tenazes, arruelas, lua em ondas
a montante, persegue o fio mesmo.

* * *

[ÓBVIO]

MAESTRIA

1

Com todo o corpo no ar espalmado
ensinas o espetáculo da flor.
Modo aéreo de escrever desinências,
o entendimento imediato, fléxil
dessa expressão as pétalas com raio.
Em cada ponto ou hieróglifo móbil
pões a carga, o mais fluir reconexo
em que temos vermelho e verdes ponto,
uma árvore de meia altura, chuva
nunca plantada mas feita na queda
com luminosa precisão esparsa.
Rosa-dos-ventos sinalizas manos
para a anônima oracular contenda
os rumos os anzóis que a vida e a sorte.

2

A delicadeza do texto, ramos,
variações com o agora aprender
o excelente posicionar ou lua
em visão marinha, malha extensões.
Os caracteres são brilhos por onde
os peixes seguirão presos num tempo
soltos pelo tráfego céu e mar.
Primeira lição que professas é
esta, antes do praticar se exercer.
Acompanha a leitura movimento —
não há dimensão fora o rito apenas.

[ATA]

3

O escorpião, descompasso em falso verso,
imprescindível não ferir. Contralto,
captar é o ponto colocado assim,
o peso do próprio veneno exposto.
Caso contrário ele demonstrará
o bicho-espelho indo além do reflexo
ganchos e farpas o fazer errado
com marcas lavradas na areia tanto
o resto ali deixado some, mas
isso jamais acontece entre vírgulas
para quem evitar terrestre o efeito
de chão sob vento. Fazer-se acicate
o desencilhamento próprio: água.

4

De don Antonio Ordóñez o mesmo
ponto de abertura não há pelo
exato oponente. Só a figura
mal difusa, pergaminho ali
reciclado pronto para novo
escavar com ferramenta, os olhos —
ela se sobrepõe às mãos, água
a diferença mas com o touro
coloca-se entrementes na ausência
do magma primitivo em magenta
trocado por algumas palavras —
dentro do armário soltos, os peixes.
Mirar o espelho sem se mover —
as crevettes pelo vidro fixo.

[ÓBVIO]

5

Os mestres se apresentam todos muito
não como teus pares, pelo entretanto
o círculo abre-se em lua por gasto
brilho e inquietação aberto aos diversos
possíveis que pressupõem a navalha
e a faca ausentes sem nada valer
a esgrima construída pouco a pouco,
firme paciência montada em peças
incendiárias — perícia será
perceber o páro ficar no ponto,
ao passo o estilo mais sutil acende.

6

Os comentários correm sala,
multidão de bichos aquáticos.
Cada qual buscará saber
motivos do sentir-se folha
solta e presa num mesmo senso
tal qual o vento prende e livra.
São os comentários reflexos
postos à mercê, folheá-los
é o modo com que se pratica
o gesto de acender candeias
tendo claro apenas o fato
de que são apenas candeias.
No por mero faltar melhor,
posam à volta do esplendor.

7

Homenagem mais alta será feita
do que esta cerimônia nos conformes,
respeitados os números da farsa
pelos discípulos, talvez incertos
resultados por letras sempre tortas
como a rosa jamais será redonda.
Pois além da simetria está o olho
e esparso complemento corpo e gesto
capazes de tentar a releitura
sem nunca repetir o resultado
tal qual a flor, também a mesa o vaso
refletem a si mesmos sendo nunca.

* * *

MOVIMENTOS

1

sombra

borboleta pelo
espelho

asas
abertas em v

na mira
do quadro
luz

pétalas
dunas
in vitro

acaso
do escuro
posto

entre a cal
e o
branco

[ATA]

2

definição

sem que se perceba
ela pousa
e instala

o grito
na
sala

3

tintas

o vidro se tinge
acaso claro

em duas pétalas
ralas — do ar

imitam conchas
de sal
e de voz

com uma cor
que só se explica

não sendo escuro
e triz também
não

*

[ÓBVIO]

a borboleta
na
lua

branca

pousa

*

cacho de reflexos
o navegar
os sóis

quebram
osso e sal

*

nele mesmo ou nela
sem que a lua se dê volta

o milimétrico
o navegar
os sóis

artrópode mole
os palmeia
ondeiam o céu

num vai
em redondo
quebram

sem osso e sal

*

[ATA]

        sem centro
        vaga
        a
        lua

        olho
        que se grava
        e lê

        a letra a
        letra o
        espaço
        move

          * * *

AT

UNIQUENESS

Sun

a snail dreams
of becoming
the sea

produces a
secret

shell
in the air.

*

The blowing
wind
is
the
struggle

of the yellow
to be

on
top of
the green.

[ATA]

The night
follows
in a cup of tea.

*

this table
and the word table

are not different
points
of the same
natural cause

the table
is clear
in its
perfection

the word table
is not
clear

perfectly

obscure

the table

in the middle of the room

*

to build a desert uniqueness
having the moon in your hands
in some way it will be a shrine
untouched by the builder
as you can't see the hand
between the sky and
some fruits at random
in one street in
one house in
ulan bator
exactly

*

This onion
is quite different
from all those on the table.

Think of each
onion
as a collection
of tongues.

Each one
over and under
another one
in an almost liquid
agreement
to make a fruit —

each one proving
the exclusive
position
of uniqueness

[ATA]

>
> to produce
> this phrase
> as an example of
> the impossibility
> to translate it
>
> into frozen solid marble,
> into hot air,
> into an orange.
> Each onion
> cannot be translated
> even into the same
> onion.

DISSERTATION (FROM GHEZER)

the jeep parked there by the tree
the moon
a piece of flat glass
cutting through
leaves
and clouds
and eyes
— a knife separating
rain
from sea

*

when someone starts to write he erases the blank to produce some possibilities;

*

"we will make good money," said Kertesz walking along the area,
"try to read them and understand not what the thunder says, because there is no thunder, no new blossoms down the land"
"how will you get the message sent by the desert,"
"you will get the desert in full"
"you know, this is a pouring sun"
"you made me think of Singapore"
"never mind, we are here and there, we are everywhere, man,"
"that's right, I know a street in Jerusalem that opens to your hometown making it a suburb of the City and vice versa, come on, there is a gap down to"

[ATA]

"the Western Wall is a collection of meanings put against the wilderness from where it comes"

— a mirror
in front of
another moon

* * *

DRY RUST

is it possible to see the clarity?
a lot of characters going through it
they swarm up there
dozens of green bottles
empty bottles
that cannot stand the excess of green
they explode
denying the possibilities of signals
and style

*

words and characters:

a is not aleph
put both in the throat,
on the paper
to realize the differences
aleph is something of a change in the air,
something of a corner in the wind,
it comes out of the blue

a fetus performing
on the head of the bull
whose hooves carve
the time,
an orange on the tray

*

[ATA]

        words are doomed
        to suffer metaphor and meanings
        think of characters as letters
        and letters as yellow reddish
        roots saying orange nuances
        remembering that aleph
        has no color
        it shines
        not by chance
        in the wind

*

the echo:

some figures, gestures and vows around the water
what they mean, what they do
is not important

*

here is a fable

a man met a woman in a distant island located on a saucer
complete strangers to each other
for six days
of greetings
smiles
misunderstandings
kindness
vowing vows
"it's time to say good-bye"
"no, there is no time to say it, there is no time, say ciao, c-i-a-o, the

italian way to say hello and to say someone is leaving..."
so, dialogue and this prose are not totalities

because a hippopotamus is so improperly named: it is not a horse
that lives near or in rivers and a horse is a way of life not exactly an
animal

*

aleph is the first letter for i, you (he and she, but he is she in hebrew,
...and light (or), the aleph is a metamorphosed effect that appears as
a e i o u but it is not a disguise
spinoza teaches vowels are called souls of letters — vowels are invisible
in hebrew, but sound; changeable souls, current mirrors: a word, a
phrase, all the text can be read in different ways, for example:

"panyim el panyim"
"al taggid panyim el panyim, taggid p'nyim el p'nyim"
("face to face"
"don't say face to face, say from soul to soul")

"consonants are moveable rocks to go on this water..."
think of a canvas
the canvas is the vowel
waiting for
consonant structure

— unstable

*

[ATA]

lecture:

"don't say shemmesh,
sun,
say shammash,
servant,
auxiliary candle"

*

the dictionary is a collection of words, nothing more, and a lot of masters used to say that poetry is not a matter of fact, it is a matter of words available in any dictionary anyone can get

*

to eat a pomegranate:

the round form
contains
more
than a horizon
or this table

like a brain,
it is
a jewel of bitterness
sustained
by
sweet rubies

*

here it causes
it is time to talk about the so called common man and his relationship
to it:

carpenters
journalists
bankers
engineers
doctors
lawyers
diplomats
dentists
professors
nurses
tailors
poets
scientists
painters
economists
priests
whores
bookworms
clairvoyants
operators

so the people keep coming and going, the crowded streets, the small towns with their streets so blackened and maybe some rainwater or snow; the colors stay there upon apparently ignored even so present but depending on the sun's will and its agreements with clouds, those frailties

* * *

[ATA]

ARGHVAN

probably inside a cosmic eyelid
waiting like those flowers
that at eleven o'clock
offer yellow and red food
in two or five lips
for the curling hungry roots of the sun,
or taking bites of the heat
they opened because it is eleven o'clock
or is it eleven o'clock because they are hungry

you see: the blue is a disguise,
these letters on this paper
are disguises as well,
disguises to reveal themselves
dead stars and that
eternal twinkling business of the eye

can you imagine, just in case, tweezers
plucking off those fake origin that means
void

*

the point is that you can see only things placed under light,
not the brightness

so, that book seems interesting
with its wings working,

the flowers don't
burn
the insects flying around
up and down,
transparent soft pieces of
glass
moving lenses
offered
the curious looking at the iridescent reality of a
pencil

*

(that book
with its wings working,
the flowers don't
burn
the insects flying
up and down,
transparent soft pieces of
glass
moving lenses
offered
the iridescent reality of
a pencil)

*

crystals come to reality
only when
someone's hand
puts them under light

[ATA]

then you can observe
they are flourishing in a very peculiar
kind of
shallots put in a bunch
of shadowy light

or the light has its own kind of shadow rendered only by the light itself

*

what to say about simple flowers (supposing there is something simple
on this table) and their relationship
with the light
the simplicity can be realized in the direct line between tulips and the
light — you can touch it and say it's not a broom it is a real tulip of
dutch origin transferred to a huge area of rocky mountains, the blood-
red dot on the snow — please, no motion, leave the snow machine
alone, it works slowly as always to make the present

*

chameleons: remember, they live in a cavern of light and it's impossible
to see their eyes, only the light can see them and so can undo the bright
knot of clarity, transforming it into available colors — it moves and the
colors follow revealing new aspects of the light that you cannot see —
by the way: chameleon,
a camel and a lion (try it in french),
at the same time,
carrying (in)
around the light,
you know,
camel,
water,
lion,

the mane
saying
fire

or,
the tulip

*

"don't call it kitsch"
"it's natural"
"this blood-red horror"
"there is no place for kitsch, i.e., for the idea of kitsch"
"there is place only..."
"there is no place for morals, please, you know, but if those famous
principles insist, with the inconveniences of rhymes, use a rhyme and
don't give a dime

*

someone can try
to change darkness
into light
taking
two suns
for bike
wheels

don't put
your fingers
in-between
the rays

*

[ATA]

at the very beginning of the talmud the rabbis:
they explain and disagree at the same time about the exact time to
pray; one says that you will know the time observing the movement of
the priests and the watchers, others say: until midnight
okay, when is midnight?
what comes from the discussion?
this question: how to split the night apart in order to get two exact
halves of the entire block?

*

the dialogue between
chameleons, flowers,
birds, all kinds of objects
and the absolute
shadow too —
send out a different way
to pronounce
chandeliers,
the wall gets a dark transparency
in perfect accordance with the
rules,
the pencil lost its crystal position
on the desk,
the page is a fragile monument
dedicated
to the very abolition of reading by means of
the
eyes

*

[AT]

then you find the word arghvan,
it means purple —
things or colors
hovering
over the
dark
word:
the hand can be a boat floating
on

if you are told this is a logical
conclusion: dark and color put an original question rivaling
arghvan

*

the talmud: the sages discuss time: does time come from nature or is it
based on human actions?
if it is based on human action, time is an artificial creation, a
conventional one; if it comes from nature...
or: are they intertwined, so fiction meets nature and vice-versa:
and here we are again: metaphor —

the bus in athens
will go
directly to the moon;
from there to
peloponnesus
and such

*

[ATA]

light and darkness — they are not two sides of the same coin, they are
the logical play of colors — the difference between both of them is that
one can be seen — you see the red carnation — as the other cannot be
seen, you see only the product of the dark explosion

the great greek says that it is a mistake to divide it (probably looking at
a prairie of alternating color)
so night would be a swelling out bag,
something made out of
the purest fire

but where?
you can see it clearly in the small hours or not

take a match
— don't light it
take a lighter
— throw it away

*

you have planned to go there
to see people there making wine in the most traditional of ways — like
your ancestors did — the feet squeezing the juice out of the grapes
— it means a very physical relationship

you didn't
is it the same?
does it matter?
it is not the same
it matters a lot
because you have not been there,
you have not seen the wine spouting from your body

— nothing can be done,
you have not been there
something is lacking, i mean, that explanation in itself

it is clear — you can see it clearly, not the clarity
itself

(although, if you go there in the future, it won't be the first time but
the second, remember, originality is lost)

but remember: to see clearly is not to see the rest of the landscape, only
this table, or the tulip

but remember: there is a famous expression — this lesson comes
through the very blood of an idiom — saghi nehor, meaning the one
that possesses the light,
the most enlightened one

but — as stones against stones in the river
it means:
blind

repeating: literally speaking
to see is a
kind of
blindness

this is not a metaphor
this is
a
bus
running
through

[ATA]

greek, aramaic, hebrew
yellow
roads

*

suddenly you find someone that can talk about the gap —
this is about perfection

sharon thesen writes "She always has the feeling she is translating into Broken english. Language all her life is a second language; the first is mute & exists. I"
the original language does exist somewhere beyond the spud (pardes, meaning the four ways to read the torah; put the vowels between the consonants prds and you will get paradise: plain, symbolic, homiletic and esoteric reading
ways:

prds:
orange-grove,
orchard,
fruit garden,
garden of knowledge,
philosophy,
pleasure

or-
angel

(her poem is entitled "mean drunk poem",
so, take the crystal of the hebrew language
and put it over the word "mean"
to read "nayim",
which means:

[AT]

pleasant,
pleasing,
lovely,
sweet,
agreeable,
fitting,
musical
and such

mean-trans-fix-ings)

*

"the gap in it all!

what is
this
thing
that
i look
down upon?"
(*Lawrence*)

*

hands
don't find
the head
in the void

* * *

[ATA]

ICE

etymology

a hairy
rock
in front
of a mole

*

the space inside the ice
is the same as this empty
room

if someone doesn't put
a chair here and a table
not right
there

there will not be
a table and a chair
here

so the ice can be thought of
in terms of a notebook
because

a notebook and the ice
wait to be filled up
so the room

and the book
can be read

        *

i'll tell you the story
of the three sentinels watching
the spot where a coin
had been

there was nothing there
not even
a symbolic
circle
in the dust

the three sentinels kept watching
the spot where a coin
had been

the master says if the coin had been there it means
the coin exists
and if a coin exists
the last thing you must worry about
is the coin
the master says more
if the coin exists
no one can do it again

be the fourth watcher
knowing this is a talk
about the absence of time

        *

[ATA]

you know time started
when the sun
and the priests
were preparing
the day

and stars
and moons
and suns

it is done
think of the
watchers because
they keep watching

don't ever
try to remake
the pot
you've seen
on the
table

the best
thing to do
is to tear apart
the silence
and the music

*

[AT]

ice ice ice ice ice ice ice ice ice ice ice ice ice ice ice ice
ice ice ice ice ice ice ice ice ice ice ice ice ice ice ice ice
ice ice ice ice ice ice ice ice ice ice ice ice ice ice ice ice
ice ice ice ice ice ice ice ice ice ice ice ice ice ice ice ice
ice ice ice ice ice ice ice ice ice ice ice ice ice ice ice ice
ice ice ice ice ice ice ice ice ice ice ice ice ice ice ice ice
ice ice ice ice ice ice ice ice ice ice ice ice ice ice ice ice
ice ice ice ice ice ice ice ice ice ice ice ice ice ice ice ice
ice ice ice ice ice ice ice ice ice ice ice ice ice ice ice ice
ice ice ice ice ice ice ice ice ice ice ice ice ice ice ice ice
ice ice ice ice ice ice ice ice ice ice ice ice ice ice ice ice
ice ice ice ice ice ice ice ice ice ice ice ice ice ice ice ice
ice ice ice ice ice ice ice ice ice ice ice ice ice ice ice ice
ice ice ice ice ice ice ice ice ice ice ice ice ice ice ice ice
ice ice ice ice ice ice ice ice ice ice ice ice ice ice ice ice
ice ice ice ice ice ice ice ice ice ice ice ice ice ice ice ice
ice ice ice ice ice ice ice ice ice ice ice ice ice ice ice ice
ice ice ice ice ice ice ice ice ice ice ice ice ice ice ice ice
ice ice ice ice ice ice ice ice ice ice ice ice ice ice ice
ice ice ice ice ice ice ice ice ice ice ice ice ice ice ice ice
ice ice ice ice ice ice ice ice ice ice ice ice ice ice ice ice

*

[ATA]

a mirror doesn't say lilacs

the disguised
transparency
translates
itself
into coalescing
meanings
under the hockey player
journey
to the blue

*

although they are not more natural
than the third one
that in a sweet octopus version
offers you the ink
in a forest of feelers

* * *

NOTHING

    1

to draw
a rose

is a
way

to form
a knot

of
nothing

    7

at the beginning
there was
a nest
of colors
without colors
all of them
being

the flower
you feel
but
cannot utter

[ATA]

the
name anyway

14

before
morning crests
it starts

the dance
of red and
purple

soft thoughts
placed
over
a changing

you go
up
because
same steps

ever drive
to
right
and left
down and up

maybe
the no one will
realize

what
a thawing
situation
it is

to find
out
a fruit
not the table

     15

before morning
crests
come up

you take the steps
and go
down

or maybe looking
eastward
thinking
of
the
old trap

the sky shows
every
day

what
a broom
bending to
orient
is

16

when verbs
are put
aside

the room
starts
moving
not

to follow
the day

yellow
as
it can
be

17

the shrinking
snake
the asleep
yellow clock
the family
compound

the cake
the block
the round

about
the returning flight
of the dodo
updates
a long word

too long
to be inscribed
here or there

      26

something happened
not here precisely
maybe in ulan
bator the place
where simple things
are very purple

think of a match
suddenly lighting
inside the box
contaminating
the other ones

the box you keep
in your hand
before your eyes
a blue explosion
of eighty matches

35

bubbles have their own language
like lamps and a kind so
dark of snowed ravens

something starts from bubbles
a lizard moves the tail
as the rain says don't worry

nothing new will come here
and the bubbles with their
own language something

lizardly moves the lamp
struggling for new matches
inside the bright night

49

a knife
goes
inside
and
through
the wind

but
if it is
the wind
that
splits the
air
apart

what's
the
knife
for

50

there is no better way to start
than a good
commonplace
like the falling leaf

journalists have a very strange
new-born-maybe-dying-profession
they are like actors on stage

the motto says
actuality is the day
seize it
there is nothing more to say

it means the president is dead
it means the earthquake
it means there is no answer
it means wine-colored blues
it means the world is blowing
not with a bang
but with a flashblack

sometimes a journalist is montaigne
sometimes a journalist is li po

[ATA]

51

reading is not the exit
to see is entering
the track of the grapefruit

for instance a flea
is a style coming along
and very close it speaks

shaking the milk you can
find some details or then
remember the fable of the fox

draw your own conclusion
not from the milk itself
not even from shaking

insects off your bones
delusion is nothing
so try the concrete

of the den as some point
so precisely as
the sting into the text

53

the street
starts
at the moment

[AT]

the ring
of
stars

starts
the
present

a t
c

* * *

AT

There are some propositions side by side on the table to complete the landscape in which the table is a basis for your shoulders and fingers ready to try the same stuff someone calls it a fruit a nail. In the room some fingers try to produce the hand around the square no center. It doesn't matter if you talk about triangular oranges because this kind of nice fruit has been produced by a smart farmer down there saying transportation is now a problem that to old past belongs. To drive it onto the sunlight is a matter of method like finding out the dissolution of empty gloves giving way to four petals falling down and up. Try something a bit more liquid than oranges but not water maybe a jar maybe the dish understood as a crab would be understood after dinner between three or four denials. Pick some masters here and there they will start to talk a lot about plumb line equilibrium or the situation before a twist of some special meaning to get the door as something not expected here nor there because a door is so unusual a hole in the fire everybody wait. The book is plenty of them and them you can find always speaking their mind aloud in between the green and white swords of the gladiolus a pack for jabbering talking mouths expelling flying moths and moons. Other propositions can always and always start from these concrete motives. The fingers trying to produce two effective hands on the table although it is impossible to know where is the edge or even the shadow of this tomato half you feel because something is red.

*

there is no crystal
there is no light
there is only an eye
drifting away
through light out

*

where are you from
well
why this flying journal
well
have you lost something in ulan bator
what have you found in bilbao
let me think
are you an exotic writer
well
let me see

*

mr. smith
is afraid
of
colors

so he cannot
eat
a peach

this bleeding light

*

[ATA]

        the crab
        goes away
        carrying on
        the strange no-light

        dragging it
        into
        an ocean of motionless
        creatures

        shoes
        coats
        trousers
        a piece of mother-of-pearl

        by the side
        three eyes
        opened eyes
        waiting
        for eyelids
        in order
        to glimpse

        in order
        to grasp
        some
        possibilities

            *

        in some way
        the plate
        is concrete

although the term abstract
doesn't mean
immaterial

is this something
immaterial
i mean
the absence
of the pome
on the table

       *

this is elementary
the
crab
crabs
about
the condition
of red

red
condition
not the contrary

       *

he was going through light
from nowhere to anywhere
nearby jericho
the wall was a haze
always put ahead
light
or the desert

[ATA]

        revealing itself
        all the way and
        time in a
        timeless condition
        it was not
        yellow
        blue
        green
        no colors
        just haze
        and
        the peek-a-boo landscape
        in which a shepherd
        with his goats
        and the
        hands
        full of stones
        he looked at the shepherd's eyes
        the shepherd was trembling
        he passed by the arab warrior
        saying salaam
        the shepherd answered
        suddenly he turned around
        the shepherd of the stones stayed right there
        trembling as part of the trembling haze
        dry haze
        he faced the shepherd again
        the warrior dropped the stones
        both of them disappeared into the haze
        into the light

                *

[AT]

        there is no goal
        between the door and the wall
        the door can be moved up to the wall
        the wall can come to the door

        the moon stops for three seconds
        and the sun is a question mark
        over the desert
        over the table

*

The sun blinks and lights the owl's eye. There is no other way to look through this eye excepting that piece of crystal with its angles put all of them on the table. The collection of angles in a series of windows. Loess. Uncountable windows in your hands although nothing changes. Maybe to say that the thingmajig doesn't exist it is a way to highligth the thingmarole looking at the plate put on the table knowing so clearly there is no language good enough to say it means the empty plate on the table.

*

        the giant toad
        goes to nowhere

        the landscape
        has no limits

        it moves in itself
        it is a trap

*

[ATA]

        is there something new under the sun
        asks the sage
        there is the egg for example
        between the palm tree top and the soil
        answered the other one to explain
        the egg is a wall

*

        le temps et la maison

        la maison
        le temps

        le temps
        lieu indéfini

*

        earth?arets

*

        ici

*

        this week
        has
        no end

        this
        week
        is a kind

of uniqueness

*

you don't look for
you don't expect
but you see
the orange
in your
hands

untouchable

* * *

ABROLHOS

[ABROLHOS]

MATÉRIA ATIVA 1

impenetrável monumento entanto
move-se e pode tomar toda a sala
com isso impondo um mesmo que fazer

caminhos por matéria no plural
com ausência de nome quanto a elas
pode aumentar e reduzir conforme

a condição de hipótese se ponha
à frente desta flor ou no horizonte
um conjunto em convulsão — os cardumes

*

experimentar o gelo que sempre
se coloca por espelho em ação
vidro formado em ângulos tão brancos

estoque de vermelhos mais azuis
guardados em si mesmos nessa soma
da qual o liberar depende o quanto

a luz fender e incidir o animal
o efeito do deserto no teu olho
ou de um olho que nele mesmo quase

*

Caso das letras a composição,
teríamos as coisas móveis pela
página que jamais se fixa, chamas,

[ATA]

criaturas indecisas, insetos
transbordam pela sala, crescem nuvens
e nuvens eles mesmos tempestade

armada. Avançam chuva no contrário,
pois tudo parte do chão de onde tiram
os verdes principalmente os pomares

permitindo o deserto tão apenas
como vestígio do texto e a leitura
aí se faz um seguir as cinzas. Vento o

*

e as próprias mutações da chama frutas
resolvem-se entre si, as labaredas
as línguas incontáveis se revelam

cada uma idioma pronto ao muito
pétalas divergindo de si mesmas
abolindo dicionários pelo

mover-se gestos repentinos, mar
sob vento o sopro de tempesta sem sossego
que nunca sopra não da superfície

*

mas propondo também o descompasso
em que qualquer pirâmide se faz
o colocar-se pedra sob um vôo

as asas se deslocam rumo ao sul
nesse instante preciso quando o sul
é leste ao norte desta mesa sempre

[ABROLHOS]

agora impondo um limite em si própria
limite que entretanto não se fixa
e as linhas se retingem olho do tigre

ele vê o desviar aquelas asas
e sob elas o cardume as luas
os celtas os astecas os nenhuns

*

Consumada porém nesta paisagem
das frutas e bandejas seus conjuntos —
saboreá-las implica percorrer

alguns caminhos entre umas e outras
enquanto essas paredes se completam
várias linhas em quadros e retângulos

também propondo o barco quando a quilha
em que qualquer pirâmide se faz
o navegando chega, nada ocorre

a não ser o achegar em fogo plano
numa combinação que areia e água
a síntese lunar posta mercúrio

* * *

MATÉRIA ATIVA 2

agora as escadas colocam-se
numa paisagem que se quebra
em ângulos e ondulações
num campo aberto a sala própria-
mente por onde os rios nunca

cristal que aqui se demonstrasse
em seus ângulos variados
mais expostos à luz e menos
ao tacto embora piano seja
o quebradiço na seqüência

esse exercício de lagartas
montadas em vidro porém
maleáveis na concretude
com que se revelam aqui
na linha do horizonte curva

essa alvenaria animal
sem projeto nenhum à vista
apenas o expandir vermelho
de dentro do qual cores várias
outros insetos modos rentes

todas ao mesmo tempo dobram
novas modalidades luz
num limite em que o impossível
desmonta-se na forma oval
e tantas outras geometrias

[ABROLHOS]

juntam-se espalham-se refluem
mutações febres um ataque
com o simples expor presença
contra o papel azul dirás
o incêndio se processa nisso

as linhas formam curvas e ângulos
se o que vem à pauta é o cipreste
pelo acaso de estar aqui
ou labaredas em fogo lento
e será azul gris não agora

contorno difuso e preciso
de cuidadosa violência
mais leve do que o ar os verdes
quando acendem abrem escuros
movimentos os seus ruídos

nenhum pássaro contra a sala
posta na linha do horizonte
embora uma vista plausível
aos olhos deles se abriria
em cada lado platibanda

e se a linha do vôo mudasse
também mudariam as paisagens
imagináveis sem registro
porque só assim se configuram
num desde que nunca descritas

mas também verdes e vermelhos
se queres a estratégia inversa
à da xerma cujo olho vai
positivamente ao certeiro
alvo que a define no ataque

[ATA]

um diálogo tão constante
não permite à xerma livrar
nem mesmo um ovo que prossiga
sua persistência animal
presa em eternidade oblíqua

a vista se abre hexagonal
com a vegetação presente
montada em ângulos redomas
intrincados mais por reflexo
do que por raízes e folhas

na rotina qualquer floresta
há de comum o não saber
e os riscos prontos ao incêndio
previsto pelo brilho fios
pois cortante é próprio da luz

perceba-se porém o vidro
e ao seu redor nenhuma sombra
poderia então a papaia
algum outro tipo de bicho
contrariamente horizontal

se a sombra absorve toda luz
mataborrão capaz da tinta
o que essas elevações curvas
esses ilhamentos corais
sem água sem luz e sem sombra

exposição mármore e laca
considerando-se que a água
por estado líquido é luz
no jeito de compensar o gesto
abrangente ao redor o peixe

[ABROLHOS]

sem nenhuma saída fora
nem dentro complementações
nesse mesmo esforço e prender
não ocultando o que está preso
ou a amarela forma do ônix

pelo provável a cadeira
que se desmonta em si jamais
retorna ao intermediário
dessa maneira posta e não
da cadeira resta um exemplo

entretanto alterado por
qualquer outra se musical
em qualquer língua dos mongóis
ela cadeira não será
e quem dizer será ao sol

e ao seu redor sombra nenhuma
sob esse sol que sempre a pino
elimina os demais vestígios
em função do fato não prática
apenas movimento máximo

para explicar no seu o ponto
a ausência de sombras também
quando a pálpebra baixa e abre
para o zênite colocado
enquanto o acima nem abaixo

nas vírgulas se configuram
sobre um campo feito lençóis
tal e quando o vento os agita
se mostram a vegetação
animal posta em carne viva

[ATA]

arbustos de inclinação própria
a chuva em cima deles lava
para revelar cristais folhas
abrindo páginas ou luas
animais postos carne viva

um campo de lua em postas
numa paisagem reincidente
ou numa paisagem possível
ao alcance desta janela
dentro dela se descortina

o próprio quem olha vê enxerga
numa operação com detalhes
se nesse esforço colocarmos
sem aviso prévio o presente
de casca mais ostra ainda não

os movimentos semelhantes
ocorrem no fundo do mar
arrimo e fonte para as nuvens
ele as fabrica e as sustenta
embora oculte as criaturas

entre elas essa improvável
pegada que se encontra aqui
nas amarras de algumas formas
um nome se for necessário
quebrando por voz e algum toque

quando o meramente esta asa
solta-se de um ângulo e outra
formação desenrola o azul
do espectro à maneira de algo
preciso por não estar ponto

[ABROLHOS]

entre as colunas e os degraus
agora abertos campo claro
a folha azul não se desdobra
mas cola-se à matéria móvel
também a cor sem diferença

a chuva tal o vento e a cinza
capazes do texto as cores
antecedem a mesma prática
tacteada pelo avançar
que se recria nada muda

o dispor em hexagonais
implica um mastigar surpreso
ao se tocar nos movimentos
maxiliares e o digestivo
a própria luz na produção

a cor deste modo segundo
planos e curvas rotações
lateja em calor e infecção
de suas nuances geográficas
e livres de caligrafia

a cor deste modo conforme
a transparência sempre em jogo
estelar sobre plano e nunca
neste agora ou mais a boreste
nenhum dispositivo ou barcos

levando em conta que é na casca
não na carne o se expor molusco
teremos que côncavo esse olho
permanecerá manco enquanto
o extravio ali não puser

[Ata]

        a luz em curvatura incerta
        para ali se digerir nela
        até o surgimento da fase
        sem início um de repente
        quando refracta a luz o espelho

              * * *

MEDIDA

se medirmos a conseqüência de um plano teremos a teoria mas não o lapso como toda teoria começa em si própria a teoria da superfície com o trato porém sua conseqüência

assim sendo: terminou às 15h34 mas não provam que enquanto isso acontecia isto é o relógio parava um olho se desfez em bolhas sobre o lago cuja superfície pode ser alguém visse com esforço algumas letras mudando no desconforme jogo das águas sob o baile

Sagui Nehor, a fábula: Após a devastação, o sr. Bromul, dotado de conhecida praticidade, já dava um passo à frente da catástrofe e contratava operários a fim de reconstruir parte das coisas malacontecidas. A possibilidade de conseguir alguma das moedas de rara circulação animou os moradores do vilarejo. Poucos, algumas crianças, outras tantas mulheres, homens raríssimos, nenhum na força da idade, mortos ou idos pelas estradas e dois rios. Diante do que o sr. Bromul aceitou o trabalho de um estrangeiro recém na praça do mercado e atendia pelo nome de Sagui Neor.
— É desnecessário dizer de onde vens, basta que saibas executar teu trabalho.
Saguineor agradeceu e se juntou ao grupo que seguiu em direção ao casario pertencente ao sr. Bromul: àquele falta a perna, este só tem a mão esquerda, esse está velho demais, a mulher pouco se move de tão gorda, enfim. "O importante não é de onde chegamos, sim onde nos encontramos. E esta Zilal é um porto que reúne muitas linhas. Como a palma de mão invisível."
Passavam os dias, vinham as noites, mas a lua continuava num mesmo lugar, cheia, a boreste, se vista do centro do lago, ao sul, se vista do casal. Talvez só o estrangeiro (Saguinur) também percebesse que, embora trabalhassem. "O ar violeta."

[ATA]

    ora aqui temos uma teoria da conseqüência do plano

*

    a teoria desespera ao menos perante os arbítrios impossíveis de pegar
não colocados eles os arbítrios caem são garças vestidas de azul caindo e
então percebe-se arbítrio não sendo mais uma explicação para o verbete
que se segue conforme alguns dicionários

    primeiro temos o fato de que o árbitro é produzido por um acordo entre
pares tornando-se ímpar

    quem litigam elegem um árbitro

    o árbitro exerce o poder conferido pelos que litigam

    isto posto em condições de inenarrável

    : a fundição ou o processo de utilizar o minério
: minério alvo e reflexo
: mas isto é um comentário teológico

    preferir os anagramas
arbítrio
os camaleões
marismas
abismos
átrio

    convenhamos
há uma estúpida coerência

    embora os arbítrios continuem caindo
garças azuis

[ABROLHOS]

as garças
papel carbono do céu
a não ser quando não mergulham

*

nenhuma história será subscrita a partir deste momento e não há por que insistir nisso desde que o tema aqui proposto poderia ser este exatamente porque ninguém mais se prontifica ainda mais quando o nada um verbo qualquer dele derivado as afirmações as afirmações não são como folhas estas caem de maduras o seu fermento as afirmações estas não são como folhas de maduras caso fermento do qual novos vegetais mas permanecem afirmações elas conjugam dentro delas e apesar delas uma extensão de nada mantém afirmativas nenhuma imposição de flor nem mas apenas o sonoro ver a distância entre a luz e o limite em expansão apenas outro susto e isso quanto ao aqui proposto o por que nenhuma síntese poderá salvamentos o que salvar coisa alguma aqui para muito menos a palavra não como em fato dicionário nem pelo avesso disso e sim nela mesma um pio um ronco um grito um pêlo um sorriso não e antes do som não depois a barreira do som e até a fronteira da luz rompida o que se depararia o complicadamente diagonal

* * *

O PORQUÊ DA BROMÉLIA

As folhas trabalham num xadrez
móvel em que quase os movimentos
todos ficam limitados à
programação de betume, cal,
seja o ar com as alterações,
sejam as metáforas, as mãos
em extensões prontas ao contrário.
Nada aparentemente se altera
quando o ruído forma uma chuva,
troar repartido em argumentos,
festa de peças, cada qual pronta
a si própria, nunca ao arbitrário —
atente-se para o esgalhar
além de si. Cada uma araucária
se espraia, se espalha, se recolhe

* * *

[ABROLHOS]

do vaso cor de terra salta estático
mas todo requebrando no caminho

entre cinzas castanhos e vermelhos
contra o fundo amarelo verde e azul

com também negro mais os descolores
desfolha-se em vermelho verde e branco

— cobra num bote aberto para o céu
raio que cai das nuvens rumo à terra

ou em duas versões mesma raiz

* * *

[ATA]

Descrever a chuva
com a obsessão lesma
do caracol, dele a
extensa grafia
destilada perto,
tira luminosa
intocavelmente
lua desfazendo-
se toda em minúcias
as cores sem carta
e sempre revolve
quanto mais se deixa
parecer um rio —
seguir o rastro é
pretensão ao sol,
um todo enrolar
na resma vontade
com a qual desfia
a seqüência torta
sua língua o sopro.

* * *

[ABROLHOS]

A mesa e aquela árvore, recortes
delas mesmas, se assim consideradas
sem o apoio de espelho, água ou olho —
três exemplos do apenas refletir
com suas todas distorções, que fundas
ou rasas brincam planos e o redondo.

Considerá-las pela tinta e o écran
visto como será outra conseqüência
o derivar alguma cor do idêntico
giz: o pardal mergulha nesse plátano,
a árvore revelada abismo e água.
O écran com suas gotas problemáticas,

insetos, microorganismos ou larvas
fluindo de igual maneira encre de écran,
escuro cinza que tirante a luz.

* * *

[ATA]

Um copo d'água quando já bebido
se estabelece como particípio
numa liquidação sem volta e meia.
Quebremos esse copo se coerentes

ou então em transparência absoluta
o coloquemos, a tal ponto que
nenhum gesto jamais o atingirá
por tactear ou pelo pensamento.

*

[ABROLHOS]

a primeira das letras e a segunda
não coincidem aqui, nesta aparência
sobre a qual nada mais se falará

apenas se coloca um tergiverso
antes da esquina à qual tudo devolve
o quebrar nele mesmo e prosseguindo

* * *

TEMPERAMENTAIS

1

Como uma cadeira vazia está
ao lado / esse teu aproximar-se
é de vidro / esquina invisível
capaz de dividir / só se percebe
quando a luz recoloca os amarelos
em mão ou leque em si próprio guardado /
tal qual a luz se apagando / recolhe e /
persiste onipresença que nas dobras
/ esse modo de sol / concomitante
mesmo à noite e talvez mais / quando não

2

Mas por que mudaste / a cor
dos / teus cabelos
eram leves / tão / dourados
que se faziam
teia quando o vento / esperto
brincava o sol
espumando-o / pelo ar
igual um gesto
espouca na pedra / quebra
e então esplende

3

Se o dourado não te basta /
fino acordo com a luz
é porque rimas apenas
ocultam / as divergências
presentes também na esfera /
castanho negro vermelho
falam teu rosto / incompleto
o corpo que no presente
conjuga o seu nunca / estar

* * *

[ATA]

AGRICULTOR RADUAN

O fazendeiro terreno
— ou anagrama de eterno (r)
trabalha as iniqüidades
não por motivo moral,
mas devido à pequenez

vai lavorando pretextos
em que traduz organismos
vegetais e animais, ciência
preparada pelo zero,
quase uma totalidade

pois divide-se, bifurca-se
arando a circunferência
à mercê da mão do homem.
Seja estrela, seja couve
o resultado infinito.

* * *

[ABROLHOS]

Escher conhecia a matemática
apresentada na forma réptil
ou mesmo no encontro peixe e pássaro
que o cego mais o menino fazem
ao brincar esta coisa o infinito.

* * *

NEVE EM TORONTO

O pedreiro pensa a árvore
com as mãos
até com essa escrita
desfazê-la
em pétalas que tombam
conformando.

* * *

[ABROLHOS]

O arquiteto transforma-se em pedreiro
no quando esquece coisas como lápis

e outros itens usados em projetos.
Pegando a trolha põe a mão na massa

com a qual vai edificar a casa
para ninguém; mas nela se coloca

a lua, essa também forma de espaço.
Ao mesmo tempo nela e fora disso.

* * *

Isso cobra o seu estado
normal contra a parede e o fundo
raso, quase a olho nu de entulhos
onde espera o momento bom,
a noite, envelope em que põe
o seu modo de guardar-se astro
ao deslizar a treva, pêlos,
através da ramagem brilhos,
se lua, vai inexistente,
quando sol, sensata presença
comprovada pelos escuros
retráteis, montados em farpas
prontas a revelar na chama
o efeito de seu — natural

* * *

[ABROLHOS]

As páginas discretamente
permanecem, assim os olhos
fazem a letra imaginária
com que se iniciará o tempo
de um caracol, do inseto, cores
modulares sobre o papel,
acaso como o chão é acaso e
pastagem desse largo púrpura
ou forma se alguma insistência
aqui, na flor, em Ulân Bátor,
mas sem flor, sem nenhum preparo.
E as páginas, discretamente
apagam-se, ficam as traças
e sem nada para roer —
o púrpura não está ali.

* * *

[ATA]

Fechado o dicionário,
que retorna ao lugar
ocupado na estante
ao lado de possíveis
depósitos iguais,
embora a diferença
entre mesmos idiomas,
percebe-se a palavra
inteira colocada
do começo até o fim
da noite, por exemplo.

* * *

[ABROLHOS]

Chovesse, ao depois recompondo
a mão em cima da bandeja
a fruta pronta sempre à espera
da colheita que não fará
do verde apenas um vermelho.

Chovesse: num ângulo simples
a mão recoloca no espaço
a expressão porém, desfazer
a si própria, chama pra dentro
em que a maçã se põe intacta.

Chovesse: as luzes torcidas,
ou dedos consonantais, dança
feita no ar, vogais, azuis
apenas para confirmar
o negro, o cobalto, a laranja,

caso em que a cor e o nome fazem
a lavoura do fogo sendo
um mesmo num outro mover-se —
ou tal, um pássaro em seu vôo.
A mão paira sobre a bandeja

que inventa ação, folhas, o pomo.

* * *

[ATA]

O áspide desenrola
a si próprio e se coloca
contra a fala que o escreve
devolvendo-se para o chão.

Grafia em pele, se areia
exposta a qualquer borracha
entendida como o sopro
capaz de apagar fazendo

o veneno em tais anéis,
circulação num fechado
que se abre para algum dentro
sem chuva, não será rio,

um aceite recorrer,
esse fogo se alimenta
em incandescência autônoma:
a pergunta toda górgone.

Ele sabe só a si mesmo
e tenta esgotar a fome
com o seu olhar, as pedras
aquém do espelho, o fato

circunscrever sempre agora.

* * *

MESA DE MÁRMORE ROSA, POR BONNARD

A mesa, sempre fugidia
dentro da presença concreta,
propõe outra inauguração.

Neste escrito, mais um exemplo
da dificuldade mostrada
por esse objeto comum, menos
                que a lua —

entretanto.

       NY, 26-8-98

       * * *

[Ata]

onde o amarelo propaga
a sua cor sem limite.
Embora o amarelo venha
a partir do que é de fora
e deságua nesse rio.
Não há didática pronta
para encarar essa coisa
toda cor, camaleônica.
Tal no modo de quebrar
o pescoço de algum touro
propõe-se ensinar à fera
que isso também se faria
de outro modo nunca sendo.

* * *

[ABROLHOS]

CONSEQÜENTEMENTE

conseqüentemente
recobra
o quartzo

arestas e ângulos
montado

os tortos
da luz
em seus gumes

*

a ausência
de espelhos

reflete o
vazio

na medida
deste

*

de gota e
água

o ponto

[ATA]

em gema
se
expõe

*

o ovo partido
pede
mãos inversas

que o acendam

*

recorda-se o vaso mas
a fruta em cima da mesa
não é lembrança é maçã

e com o vaso um ombro
e dentro do vaso a água
de uma cena jamais vista

pelos detalhes do cravo
os cuidados do veludo
a formação de uma lâmpada

o gesto expõe a laranja
instalada num presente
contido naquele vaso

*

a luz reconforma-se ao
breu

[Abrolhos]

num pretender
guardar-se

*

as flechas convivem
na boca da
fera costuram seu salto
pontilham o vôo
de seta sem
arco os olhos
miragem única

*

Tijolo sobre tijolo,
um jeito de caminhar,
também há ponto e chegada
na montagem da ampulheta.

Fixa permanece embora,
não tempo, cadeia, fecho,
nem ir nem vir, sem termo
dispor, apenas até

que a boca se dobre e traga

a luz de volta e devolva

mesmo pez sobre a laranja.

*

[ATA]

do mercado persa

são mil
e uma as
noites

contadas em números
de estrelas nos dedos

*

o pássaro
é
      a
pergunta
e sempre
agora
des

feita

assim
permanece

idêntico

*

[ABROLHOS]

noite

como se o ar
em sua superfície
tremesse

lentas ilhas
longe
imaginam a manhã

o barco
cheio de olhos
voa

*

olhos feitos de água provam
a solidez da luz

contrário da pedra não
se quebram

rumo ao incêndio
curvo
essa fonte

as traças

kiliney, dublin, 16-11-96

*

[ATA]

colada ao gelo
a língua
do cão

não imita o grito
que desenha

vermelho
em
campo branco

flor e caule

*

uma sala
a
própria
exposição

dentro de
si
mesma
colocada

sem os móveis
e sem as
paredes

sem um plano
que a meça
e
proponha

[ABROLHOS]

sem um olhar
qualquer
mesmo agora

*

halo outro
fosco
em torno à lua

o espelho
não devolve
o dia

*

em dois ambos
movimentos

dentro dos quais
a pantera
ensaia

a própria sombra

*

sépia
se espelha
no papel
ponto e
pronto

[ATA]

o polvo
se oculta

*

a cebola
na
mesa

desmontá-la
por

folhear
a
cegueira

*

pinta-se o quadro
com mão terceira
entre os objetos
que preparados

esta cadeira
veio depois
daquela câmera
e do relógio

nada conclui
pequena máquina
de produzir
a lua abstrata

[Abrolhos]

vista por olho
vago entrementes
e posterior
que sempre alheio

*

o traduzir
qualquer laranja

será fazer
com o destruindo

;

a luz frutácea
e descomposta

quebranta a sala

*

o calor
da
fruta

solúvel
sabendo
-se

contracor
e
sol

luz peso toranja

*

[ATA]

las lanzas

o traço procura
a cor desmanchando-a
no modo indeciso

ou a cor se mexe
e assim recoloca-se
a expansão da gema

misto de ovo e pedra
casca sendo cáscaras
matisse picasso

velázquez
procura
não
a luz morandi caravaggio

do olho

*

um desaparecimento
amplo
entre
as mãos

*

[ABROLHOS]

tocar um pêssego

1

tocar um
pêssego
nunca
será

aqui
está um
pêssego

*

não há
nada

esta
porta
que se
abre

*

revelas
o teu nome

além disso
não
há o que

[ATA]

fazer
da lua

*

a pedra
cai
e esplende

água
de estrela
morta

*

intransponível
distância
entre

a pele da fruta
e a cor
entre
fogo e luz

a meio caminho
tu te encontras

*

a pedra
resume-se
ao
vento

o deserto

*

[ABROLHOS]

sabemos
o que
a luz
cala
a
pedra

*

o vaso na mesa defronte

lago aberto a tantos rios
quanto poderá

a fonte

*

as implicações mútuas
representam a prática
do seixo contra a água

algo nele o resiste
que não está por fora
e muito menos dentro

a força resistência
coloca-o sempre mais
devoradamente água

*

as mesmas azuis comparações
em nada

[ATA]

os triângulos as águas
as freqüências quando muito astrais

depois um olho lunar tão próximo

*

o papel dobrado
considera sombras
de livros na estante

desdobrá-lo vela
esse conteúdo
não espaço
branco

*

a cor nela se respira
apesar do encontro pétala
ou a química do sangue

um escorrer se molusco
pressupõe o regurgito
dele mesmo em paralelo

assim o sangue fortuito
em acordo com a pétala
ante o cálculo da fenda

*

[ABROLHOS]

a mão desta transparência
olho

a laranja em cima da mesa

*

escultura
da pedra

o em volta
será
a pedra

* * *

[ATA]

DEMONSTRAÇÃO

Porquanto o levagante se demonstra
um avantesma próprio dos decápodes,
à família das pedras inerente
e carne numa síntese de agulhas,
as farpas em oblíquo com a água.

Não o albinismo azul esses cetáceos,
nem as pontas de seda dos macruros —
que se movem confirmam os circuitos
até um ponto e vírgula perplexo.
Sim, têm muito em comum as gambiarras
se fincam sobre o nada que demonstram.

Entretanto o levagante percebe
igualdades solares, sem temê-las.
É vermelho, de gelo, vem à tona.
Aquém da casa de água ele inaugura a
manhã particular. Tanto ilumina
o se fazer do dentro delas conchas
sabido apenas quando recolhidas
pelas próprias bivalves. Mãos capazes
de guardar na pegada o que é a concha.

Portanto se navega o levagante,
ele inaugura a forma entreparênteses
a cada instante em cada coisa, qual
borboleta ou palácio, leve e rocha
plantada num instante, o flutuar
à mercê da tenaz, mas esta só
tece o tramado rijo de uma sede.

* * *

[ABROLHOS]

aspectos da maçã
na superfície
como somente
assim
se poderia

raios brancos e verdes
num vermelho
cobrindo a
massa branca quase
lua

contida no convexo
da explosão
a resumidamente
feito pétala

uma chuva parada
nessa esfera

* * *

[ATA]

O inseto não é um cravo,
mas sua contradição.
Do contrário, para que
o multiplicar da cor
que se completa em nuances
tal qual a pedra no rio
comida pela corrente,
não por água nem por rio.

* * *

[ABROLHOS]

A lua e a chuva têm em comum
o fato de chegarem à terra
movidas não por elas mesmas.
Ambas inundam com os vestígios
que lhes ficam. O mar e a poça
cabem o movimento em resumo.

* * *

[ATA]

antes mesmo que a porta se feche por alguma vontade
ela não significa uma abertura caso contrário para que
porta cuja apenas mostra com ela e nela a passagem
nenhuma e de maneira idêntica posto que se trata do
mesmo objeto a lua com sua luminosidade ou o selo
em azul sem cor dependendo do hemisfério quando
tu te encontras às 15h35 ou às 9h30 mas às 21h30
segundo a condição mencionada mais a fase da hora
a pátina amarela sobrenada a superfície de crateras
extintas conforme a lenda enfatiza sutil nenhuma luz

* * *

[ABROLHOS]

HIPÓTESE, NÃO DA ALCACHOFRA

Onde cor, as letras
falam do quê
algum movimento.
A porta esse exemplo,
recorte o princípio
do apenas a lua.

Remanche lilás
através a norma
o anverso quadrado.
Figuremos cada
instante princípio
ou nunca se acaba.

Embora comece
laranja e redondo
nunca encontrará.
O sol colocado
em céu sem enroscos,
as linhas só retas.

Mas nada se abole
com este seguir
todo o desdobrar.
Um ponto não há
sem descolamento
assim caracol.

[ATA]

Em que se apresentam
os planos, as contas,
reduplicações.
O verde do agora
emerge senões
alcachofras, poucos.

Alcachofra, cor
e forma de modo
qualquer toda sorte.
Um fio contrário
ao vento não pode
demolir o: ar.

E o ar tem limite
redondo provável
de algum outro, olho.
Não se diz redondo,
apenas um fundo
provável com farpas.

Entre rosa e verde
no fundo de olho
a colheita espera.
Campo mais retorno
a voz encoberta,
passar os morcegos.

O gesto percorre
o redor de um ex
mesmo entreparênteses.
Observar o polvo,
as modulações
ventosamente água.

[ABROLHOS]

A quina redonda,
o impasse do quatro,
o fecho deserto.
Pontilham as cores
um vento só nuvem —
o azul outra sombra.

As ondas submersas
concordam bordôs
sem tacto intocáveis.
Nelas o desdobro,
se vão pelo dentro
as asas, os verdes.

Inda não são formas,
se entendermos forma
um sol posto a pino.
Apenas esparsas
conformam a letra
ao modo de areia.

O nada se fia
lagarto arrastando
o em volta com ele.
De repente fixo
tal qual se provasse
onde o movimento.

Nenhuma conversa
outra coisa não
mais que o sobrepor.
O vermelho o verde
que quando o lagarto
azul contenção.

[ATA]

Um posicionar
sem agulha, sem
espaço portanto.
Sem ponto, somente
esse objeto então,
o posicionar.

Põe-se letra a letra
no correr da lua
sobre o mar, as nuvens.
O espelhar as pétalas
com suas matérias,
sua luz, seu vento

Antes da presença,
uma por começo
longamente curva.
Após também não,
destilam as manchas
ondas centopéias.

A flor transparente
dentro do insuspeito
persiste um escândalo.
Não cor que preserva
e abole o recorte
entre sombra e luz.

* * *

[ABROLHOS]

o movimento
verônica

em dobras
desfolha
o sol

nesse labirinto
o ouro

*

a vela
acende o
ar

* * *

קליפות בצל

[רישומים לפואמה שלא תהיה]

לא באוויר הוא מפליג
לא באור
השמש

אלא בלילה
הוא מפליג
ועוגן
מול המרפסת

*

הרועה מסתכל
ומהרהר
שרק בין
מרכאות
יש אפשרות
לפרחים

*

על האבנים
של הגינה
במעבר
בין סביון לרקפת
שהם רחובות
בשכונת קרית מנחם
לא רחוק מהגיא
מול דירתה של הזקנה התימניה
אחרי שאיריס חלפה בהן
דרך אוסטרליה
אולי

[ABROLHOS]

*

פרחי

זה לא היה
זה לא קיים
ובהרף עין
זה נעלם

ירח שחור לבן
במלואו
בקרן זווית

העולם

*

איזה רעש
רועשת הרוח
בסלעים
בליל סערה

זה קול
שבה
מהדממה

*

לקלף את הבצל
אחת אחת
עד שלא תוכל לסבול

אין
קליפות באור

*

[537]

[ATA]

השתיקה היא יהלום
בן שבעים
פנים

שימו אותו בחושך

*

הכל נמצא
במדבר
כי הוא מחסן
לחול ולאבנים

הוא מתגלה
לעיניים
כמו בית חרושת
לשקיפות
ודממה

*

בדוק את הביצה
אין גבול בה
לכן אפשר להשוות
אותה לבצל
כי אין
סוף בתוך
תוכו

*

זו לא מין גימטריה

אין
גבול
בגבול
הזה

[ABROLHOS]

בדיוק
כמו
פרח שלא
נמצא
בעצמו

*

הסיפור הזה הוא קצר
מאד כמו סיפורים
אחרים אשר
מזדמנים בכול המקומות
וזה היה בסופרמרקט

האישה קראה בעיתון
עברי בערבית
הגבר שאל אותה איזו שאלה
והיא שאלה אותו מאין אתה
או אני עברתי בכול כך הרבה
מקומות שכבר לא בטוח
מאין באתי
אני הייתי אומרת
שחלבי אתה כאבי
יש לכם אותו מבטא
אדוני

*

זה לא יועיל
שתסתכל
באיקליפטוס
ותחשוב
שהוא
גבוה מדי

*

[ATA]

הקול הבת קול
ההד

בחורף
בקיץ
מישהו הסתכל
ברחוב הקטן
ואמר בינו לבין עצמו

הקול הבת קול
ההד
עד מתי

*

נא לשמוע
מישהו אומר
והולך

אין פינות
בדרך הזו
אין סבובים

הוא פשוט הלך
ונעלם

*

בת הנבואה
אשר באה
בכנפי הנשר

אוספת את הכוכבים
הקטנים ביותר
בין המפוזרים

[Abrolhos]

בפינת רחוב הסביון
ומהרהרת
זה שקר

*

אבן בעור
האגם

נקודה באור
נקודה
סוף
המשפט

איפה
השקיפות

*

הקול שבא
מאיזה מקום
קרוב רחוק

איזו ציפור
עושה
מהחושך
משהו יותר
מוחשי

*

היא גרה בעיר גדולה מאד
עיר שכולה דומה לים
הגדול אשר אין לו סוף
ובכול זאת היא הלכה למדבר
כדי להסתכל בדגים שחולפים

[ATA]

וחולפים כמו זה
כך היא סיפרה לו

*

צהוריים ושמש
במדבר

הערפל
הזורח
אומר לא לאוויר
אוויר שאינו צלול
אוויר שאינו ראי

הינו כמו
עומק
השמש

*

זאת אומרת שאין
שלימות בזה
אין סוף

למאה שערי
הדברים או

כי בתוך הרוח
יש משהו מוחשי מאד
לפחות
יותר מוחשי
מהרוח

*

[ABROLHOS]

לבנות שולחן
לבנות בית
לבנות עולם
לבנות חלל
שלא יהיה
בתוך אור
הירח במלואו

*

יש כאלה האומרים שהכול מתחיל מממשבר
כזה
הוא חושב כשמסתכל ברימון קטן בעץ
רימונים
הוא יודע שזה משהו בלתי אפשרי
מתכוון לעובדה שאף אחד לא יוכל לקבל
או להבין או לחשוב
זו לא מסקנה שאפשר לדעת מראש
ובכול זאת
הינה

*

השולחן נמצא באותו מקום
רק היד שלא על השולחן
זה מפה לשם בכתיבה
במחברת שיש לו על הברכיים

*

הספר שקראת יישאר פה
כמו הוורד
שהיה בחדר
ונאסף

[ATA]

העונה הזאת
והאוויר הטוב

אף אחד לא יוכל
לראות אותם

*

ובכול זאת הירח
ובכול זאת הכוכב
ובכול זאת הסצנה
הזאת בחדר הזה
שהוא דרך המדבר

חדר ומדבר
הם פשוט
כמו ראי בפינה
שאפשר להיכנס בו
ולא

*

ואין מנום
מזה

העננים
מסתובבים
בסביבת מה

הכל

*

בפעם הראשונה
שהאנשים
הלכו

[ABROLHOS]

אף אחד לא
חזר

בפעם השניה
גם כן לא

בשביל מה
עוד פעם

*

הבצל הוא
מין תפוח אדמה

יש לו שמש קטן
בתוכו

אי אפשר
למצוא אותו

*

זה משהו
עשוי
מהמון
זרעים

אין קץ
לגן הזה

*

בין אור הירח
ומחוץ לו
היד
מחפשת

[ATA]

איזו יציאה
קראו אותה
דלת

*

לתפס על פסגת
ההר
לא יהפוך
אותך
לנשר

*

לעשות לחשוב

תחשוב על הדגים
האלה
כשתסתכל
באוניה
שמושכת
את האופק

*

תחשוב על הדגים
האלה
כשתסתכל
באוניה
שמושכת
את הים

*

תחשוב על הדגים
האלה

[Abrolhos]

כשתסתכל
באוניה
שמושכת
את השמים

*

מישהו פותח ואומר אני דובר
וזו יכול להיות התחלת איזו הרצאה
אינטליגנטית
הוא חושב כשעובר ברחוב יפו
כבר אחת עשרה בלילה
מול חנות ספרי קודש
כל חפץ חשוד

במקום הזה
זאת אומרת בעולם הזה

לפי אינדיאנים אשר חיים ב
המילה ביִנג
נמצאת בגרונותיהם
כשהבִינג זאת אומרת המילה
כל המילים
יוצאות משם
הם פשוט
נתלים על איזה אילן גדול

אין דבר
דרך יפו בחזרה

*

האור הוא הסובייקטיביות
של השמש

[ATA]

כל כך אובייקטיבי

תאוריה כזאת

*

המשך

המקום הזה
כולל
חוץ ופנים
אור בצל

אוביאקטיביות הסובייקטיבי

*

אף מילה לא יכולה
ליצור פרח חדש
מהפרח הזה
על השולחן

עפרון אחד לא בורא
עפרון אחר

האות הזאת

*

מבין מה אתה אומר
הם חושבים שהמילה
היא דבר
והיפוכו

מילתא דאיניש איניש הוא

[Abrolhos]

יצוג
אין להם דבר כזה
אין להם מושג
אין להם ירח
אין להם עגבניות
אין להם כתיב חסר

*

למה אתה חושב
שהבוקר
הירח
דווקא הירח הוא יותר מגוחך
מתמול שלשום

*

זה אותו סיפור
שחוזר
וחוזר

הורסים
את הבית

נותנים
לך את הדלת
במתנה

*

האבן היא
צורתם
האיטית ביותר
של
המיים

[549]

[ATA]

לאט לאט
הופך
הים למדבר

*

רוח

כי הבדולח
הוא
הנחת
האור

*

בינתיים
ממשיכה ומיתקיימת

לא כמו הכוכבים

אור או קול בת קול

בתוך
או דרך

*

הצבע
הזה

שלא רואים
אותו

[ABROLHOS]

כמו כאב
הוא
או שמחה

*

המילה המנחה
באה
תופסת
ועושה
מהסוס
שולחן

*

יש קליפות
בצל

זה גם כן
לא מפתיע
כשהוא נוגע
בירח

*

הספר הוא כוכב מת
בתוך מגירה

מישהו נעל אותה
וזרק את המפתח
ברחוב יפו
על יד השוק
לסימן

*

[ATA]

במוצאי שבת
על יד תחנת האוטובוס
בקרית מנחם

האוטובוס לא בא
יבוא
שואל אברהם שעלה ממרוקו
לפני איזו מלחמה
בדרכו למכולת שלו
על יד ה

בשמיים
הינה הירח
צל צל או היפוכו

*

באיזה מקום
בין סביון
לרקפת

אפשר למצוא
אבן לא ירוק
מול בית קטן

מזה
כל הדברים
האלה

*

לא באוויר היא מפליגה
לא באור
השמש

אלא בלילה
היא מפליגה
ועוגנת
מול המרפסת

*

בן אדם אחד
מחפש משמעויות
בכתיבתו של הירח

עננים
אבנים
הידיים של הבחורה

העיניים
שכל אחד מרגיש
בעור מימי ים המלח

*

מזל טוב גברת נוימן

יש סיפורים בשמי תל אביב אמר הבמאי
הצייר הצלם דוד פרלוב ויש כאלה האומרים דוד
אוב שמו ביניהם יונתן רטוש כן הפיטן
ועוד יש כאלה האומרים שהכול שקר
והבל כי אבי נולד בצפת והפליג לבראזיל
הוא היה קוסם ידוע אולי בגלל זה
יוסי בנאי עף כציפור בשמי קירקס בסרט
הזה שפתואם רואים ולא רואים אחרי
הבניינים המתפוררים בשפת הים וזה קורה
שהכול ככה כמו המעשה הבנלי של
אפיקורוס שגר על יד בית כנסת חותנו

[ATA]

הדתי היה שמח ומרוצה למה מפני
שהמילים העבריות הן לא מופשטות כמו
הדברים היוונים למשל וכולי וכולי אם
אתה שומע אותן הן עובדות ועושות הבן
אדם שישן בתצלום הזה הוא המשורר נתן
זך כמו השירים שלו זכים הוא ישן בחדר
הזה בפינה הזאת של שמי תל אביב מול
חיוכה של מירה והחיוך חולף
ומתמזג במימי השמש והירח המתפרדים
בין הגלים ככנפיים נפרדים למה לי זו
מין הקדמה לסימפוניה מוקדשת
לשתיקת הדגים

*

פרוש המעגל

בדבר דבר דבר דבר
דבר דבר דבר פדבר דבר
דבר דבר לדבר דבר דבר
דבר אדבר דבר דבר דבר
דבר דבר ודבר דבר דבר
דבר דבר דבר דעבר דבר
דבר ידבר דבר דברי דבר
דבר דבר דברי סוד הדבר

*

המחברר

הנסתר

כוכבמת
שרק

[Abrolhos]

עבודת ידו
מופיעה

*

לעבד
את הזכוכית

להחזיר אותה
שלמה
למים

*

זה מובן
מאליו
די להשוות
לאות

אלף
הנמצאת
ול

[ATA]

ARESTAS TRÊS

trabalhar
o vidro

devolvê-lo

intacto
ao líquido

לעבד
את הזכוכית

להחזיר אותה
שלמה
למים

work on
the glass

give it back
intact
to
the
liquid

trabalhar
o vidro

[ABROLHOS]

devolvê-lo

intacto
ao líquido

le vitre il vetro el vidrio la arena etc. ע-א interdictum

* * *

[ATA]

vago gesto
alheio

não metáfora se expondo
dentro

o
vôo

*

com o olho de água sem forma a poça mas sem a chuva
ou retalho uma luz viva onde todos ésses cabem,
desde que a matéria não seja lama nem argila
e claro o líquido instante onde ele também se vê.
Algo incapaz de prender entre seus dedos relevo
com o qual abre-se o espaço em tantas estações várias
mesmo a face será nova sobre fundo azul nem branco
do qual desprende-se firme — quando mergulha turvará.
Então o fuoco de novo do olho de água sempre pronto
para as mãos desocupadas esculpindo o convexo ofusco o
côncavo livrar aquele, também este, este, este

*

lavorar não com barro nem lama
assim com a água desta poça

acordo de um olho e outro olho
desdobrados em outros demais

[ABROLHOS]

por onde peixes e levagantes
entre velocinos e vermelhos

sobre fundo azul nem branco lua
revolta e apagada por um susto

*

o texto colocado na extensão da mesa
estabelece um oscilar que ficará
entre fúcsia branco vermelho e possível vinagre

dimensões deste prisma com voz circunflexa
distribuída em cacos não de vidro nem claros-
escuros apenas

o
argueiro

*

(o cheiro
da ameixa

varre
o campo
e a queixa

— *trecho de cantiga para ser lido após*)

*

[ATA]

o pássaro
sabe
o canto
dentro
do
espaço

o espaço
ou expansão
do olho
d'água
dentro
do
qual
o
céu

naufrágio
e
vau

amazing (o: título
        assinatura: M. A. — ?)

*

Nó que se renova
em cada seu, ponto
o nenhuma cor.

O azul não resiste,
recolhe-se pronto
mais algumas dunas.

[ABROLHOS]

O pomo da terra,
nó que se recolhe
a poça — transborda.

*

a areia persiste
sob o vento o crespo

as algas recolhem
ésses movimentos

* * *

F. MODULAÇÕES

1

de um peixe
a face
norte

(anuncia)

2

entre os juncos
florência

3

esta palavra nunca
se escreve
fala (se)
e confere
essa forma

4

escamas ah
florência
qual a fonte dos
teus
fenômenos

5

rios
árvores
frondes

sem raízes
nem folhas

6

flutua

as escamas
todas elas
espuma
e nelas lua e sol
e nelas o expandir

7

de um nome ai
florência

— os seus douros?

*

[ATA]

os estudos

de um peixe a face norte
entre os juncos florência
florência esta palavra
nunca se escreve fala
e confere essa forma
escamas ah florência
qual a fonte dos teus
fenômenos são rios
são árvores e frondes
sem raízes nem folhas
flutua as escamas
todas elas espuma
e nelas lua e sol
e nelas o expandir
num mar de olhos e luz
o nome ai florência

De um peixe a face norte
Entre os juncos, Florência.
Florência, esta palavra
Nunca se escreve, mas
falada ela retine
escamas. Ah, Florência,
qual a fonte dos teus
fenômenos? são rios,
são árvores, frondes
sem raízes nem folhas.
Flutua. As escamas,
todas elas espuma

[ABROLHOS]

e nelas lua e sol
e nelas o expandir
de outro ai, ah, Florência.

De um peixe a face norte entre os juncos, Florência.
Florência, esta palavra nunca se escreve, mas
falada ela retine os ouros. Ah, Florência,
qual a fonte dos teus fenômenos?
São rios, são árvores, frondes sem raízes nem folhas.
Flutua. As escamas, espuma todas elas
e nelas lua e sol e nelas o expandir
dos metais, ah: Florência.

De um peixe a face norte
Entre os juncos,
Florência.

Florência, esta palavra
Nunca se escreve, mas
Falada ela retine
Escamas.

Ah, Florência,

onde a fonte dos teus
fenômenos? são rios,
são árvores, frondes
sem raízes nem folhas.

[Ata]

        Flutua. As escamas,
        todas elas escamas
        e nelas lua e sol
        e nelas o expandir
        de outro ai,

        Ah, Florência.

Nunca se escreve de um peixe a face norte, Florência, mas falada são rios são árvores, frondes sem raízes nem folhas. Flutua: qual a fonte dos teus fenômenos? As escamas, olhos em festa, escamas e seus metais, o morder dos metais, retinir de brilhos entre os juncos ouro em fogo. Flutua. Florência.

a respeito disto alguma coisa a mais a fim de persistir
florência um nome ou um verbo passando do nominal à ação
nenhum animal conhecido assim se chamará a não ser quando se move
daí se explica o retrabalhar tecido e trapo

o tecido o trapo o tecido o retrabalhar fuso horário
nada pensará isto um exercício de tempo
pautado por intervalos o melhor será a hipótese
desse verbo assim exposto

[ABROLHOS]

      de um peixe a face norte   entre os juncos

      florência   florência   esta

      palavra nunca

   se
             escreve mas

                     alada

   ela

   retine   escamas

   ah
                     florência

onde a fonte dos teus fenômenos são rios são árvores frondes sem raízes nem folhas

         flutua

as escamas todas elas
escamas e

                nelas lua e sol

e nelas o expandir de outro

arco

         ah

florência

                um presente contínuo

[ATA]

ao sabor da rima

De um peixe a face norte
Entre os juncos, Florência,
Cabelos de água a sorte,
Oscilante paciência.

No vento esta palavra
Se instala e predomina
Tal um brilho se crava
Na escama que é retina.

Onde a fonte dos teus
Fenômenos, são rios?
Qual o barco dos teus
Ares, mão desses rios?

Permanece a cadência
Do vento e de algum branco,
Pesponto a violência
Dos vermelhos, Florência.

* * *

ABROLHOS

Vejamos agora esta proposição:

        a chuva
        brota
        do céu

        olhos na azaléia

tendo a cúpula de lã em princípio paralisada, suspensa, as demais atendendo por conta deste momento onde outro detalhe se faz perceber assim a folha sabe o passo da centopéia:

        a chuva abre
        olhos de luz

;

brota / abre

ambas as palavras propõem o espaço
brota — a irrupção de continentes e visto que se passa dentro do globo atmosférico e não da terra num sentido redutivo

abre — o conflito se propõe fora e o de onde possui tons de branco e rubi
no que se mostra o parentesco líquido com a romã

.

não fosse assim
como a idéia do

[ATA]

                    palácio
                    de luz

à beira do abismo

                    vistas

ao dispor do teu deslumbre

                    em cada
                    ponto

esquina sem ponte ou ponta

                    cai

num movimento vidro e
animal

(faltando outro detalhe)

,

                    chovem olhos
                    na azaléia

                    cada olho
                    vide a cor

                    sem sol
                    à beira do abismo
                    voa

                    * * *

[ABROLHOS]

DA OSTRA

por limite sendo esta
entre o dentro dela e
no entanto absorve as cores

as cores
se respiram
pelo vidro

transparente ocultamento
falésia para o mar
mais que mole o líquido
é músculo elétrico

contra o escuro a lua posta
ou pleno acordo com ele
círculo ali e não ali
ver o possível do pêndulo

as frases colocadas
se desdobram as folhas
os insetos brilhando
em fogo frio pousam

[ATA]

o contar das ostras
a
memória marinha
nelas
se faz a presença

o nácar brancos e rimas
o nácar a coisa a cor

a ostra não sabe
palavras antigas

!

o soletrar de uma vez
voz
da ostra entre água e luz

.

trabalhando as dobras
o mar
floresce

dedilha-se o
esplendor
branco
da ostra

[ABROLHOS]

o lábio
prova o
vulnerável
da casca
toda vermelha

agredi-la
com a língua

trabalhando as dobras
lavora-se o
mar

gota
a gota
inunda

a ostra
engole o
mar
o sol
junto os peixes
nesses brancos

des
mons
tru
osa
perfeição
a
pérola

[ATA]

        caixa d'olhos

        (o já visto:
        caixa d'oclos)

            *

            1

nenhuma luz se espelha (a)
num sol ausente

à mão que os toca

            2

o mais quando
se fazendo
do que já
pronta

flor
entre quarto
e sala
navega
seu brilho

            3

o esquecimento
da lua acesa
anuncia
a
noite

[ABROLHOS]

a palavra
sabe
a sépia

4

a sombra coloca-
se aqui ou lá
e apaga o azul

pequeno o
movimento das nuvens

5

não se tocará
o amarelo

apenas a pétala
se dá

ao passo

e à lua lâminas

vento em rosáceas

6

no centro
da mesa
o vaso
de mesmo

[ATA]

incolor
que o ar

não dentro
ao redor

outra
se torna
moto e

7

algas
as ardentias

pastagem
da lua

em estado
líquido
move

desprende-se
labirinto

entre o azul
e um modo
de olhar

8

estas lesmas
letras

coincidem
nem mesmo

com cada uma
e outra

9

translúcida
prática

de olhar
a lua
no vidro

um astro
contra
outro astro

antes da fala
o cristal
resume
o deserto

[ATA]

10

cada letra
funda o espaço

assim como
a rosa cresce

e dentro dela
se expõe

12

o espaço
anterior à boca
é fala

à espera

13

as peças se descolam de si mesmas
abrindo novas pautas num caderno
a proposta será azul ou branca
mas também de nenhuma se fará
uma paisagem disto se confere
no quando ocorre a falha e por espanto
as cascas se descolam delas mesmas

[ABROLHOS]

14

o caracol expõe
a superfície
com seu rastro

— passar de sombra
cifra a grafia

e outra vez
se
voz porém

ÍNDICE

Poesia nomade, Berta Waldman 7

DO OBJETO ÚTIL 25

O olho 27
Sísifo 28
Mitológico 29
Ulisses 1 30
Simbioses 31
O bicho e a dúvida 32
Ulisses 2 33
Férteis horrores 34
Passagem 35
Eloah 36
Paisagem absoluta 37
Quadro de Orlando Marcucci 38
Beduíno 39
A alquimia dos ratos 40
E o líquido da voz pelas paredes 41
A propósito do retrato de Eliot 42
Adverbial 43
A forma das ondas 44
Como o raio 45
Um fruto 46
Geografia 47
Fênix 48
Paisagem sem figuras 49
Um morto, barco à deriva 50
Desencontro do poeta Dantas Motta ou o anjo de capote 52
Os mortos 54
A lembrança da cinza 55
Forma-se a fonte plural 56
Van Gogh 57
O caracol e a flecha 58
Vestígios do teu rosto inda persistem 59
Os frutos 60
De manhã, com as mãos sujas de sono, 61
Das nossas conversas de mitos 62
Dicionários são depósitos 63
Os exemplos da casa 64
Aventura 67
Do objeto útil 68
Notícia de outono, 1987, Jerusalém 69
A decifração das ruas 71
E, como se tivesses diante de ti uma palheta cósmica, 72
Entretanto não deve ser palavra boa para começar 73
Ensaio 74
Caminhar o mundo pelas ruas 75
A junção das paredes forma um ângulo 76

[ATA]

A fruta na mesa cansa os olhos até
    apodrecer 77
O frasco guarda 78
Ber sheva 79
Superfície 80
Instantes do pittore 81
Quadro de Célia Eid 83
Realismo 84
O cão 85
Os frutos 86
Wilbur 87
A rotina da batalha 88
Os fantasmas, sempre os mesmos 89
O olho que se vê 90
Dos modos do círculo 91
Algo me faz grafar 92

FIGURAS NA SALA 93

FIGURAS NA SALA 95

A mesa de vidro 97
Basilisco 101
Medida circular 102
Origami 103
Jogo 104
Coreografia 105
Copo cheio de cores 106
Estranha luz 107

ENGRENAGEM 109

Caracol 111
Olhos pássaros, 112
Escargot 113
Lesma no vidro 114
Brinquedo 115

Gota d'água 116
Cartografia 117
Meio beijo 118
Lesma e híbris 119
Caracol textual 120
Lesma com unha 121
Soluções 122
Solução 123
Cornucópia 124

TEXTOS DO DESERTO 125

Quiromancia 127
Areias, um exemplo citado nas lições
    129
O mesmo passeio do tigre 130
Peças de engrenagem presente 131
As dunas, 132
Explicar concertos de areia 133
O camelo navega 134
Mar de sal 1 135
Mar de sal 2 136
A sede se amplia 137
Chavelhos 138
Pasto 139
Montanhas minadas 140
O olho forma 141
Aranha de vidro 142
Cobra e escrita, só 143
Violetas 144
Do caracol 145
Dedos em flauta 146
Saghi nehor 147
Amianto, o céu de Ulân Bátor 148
Prata solúvel, rastro 149

GHEMINGA 151

Gheminga 1 153
O zodíaco 154
Exacerbação do luxo 155
Rotina, que se quebra 156
Gheminga 2 157

O OLHO DO CANÁRIO 159

OOUOH 161

   1 — Eppure 163
   2 — Pterodactilografia 170
   3 — Classicamente talvez 178

CRAB AT RANDOM 191

CASA DAS MÁQUINAS 205

COLORES SIGUIENTES 219

La descripción de la noche 221
Hoy por la tarde, 222
Claroscuro 223
El niño dibujaba 224
Hay un motivo claro 225
Son hechos de arena: 226
Conversación 227
Un hombre camina 228
Fiesta Brava 229
Dibujo 230
Acequia cuando río, 231
Años después, 232
La playa llegará 233
Despliegue en el aire 234
Españolazo 235
Con su cante, el flamenco 236

Las manos, o párpados 237
Bajo el agua sigue 238
La mesa tiene horizontes — 239
Manzanas verde y blanco, 240
En la mesa tenemos 241
El guante sobre la silla 242
La silla es eterna. 243
Lo que baja desde el cielo 244
Por la noche, no más, 245
Tres calles abiertas, 246
Dentro de tantos grises 247
Navegar colores grises, 248
Míralos que siguen, 249
Córdoba, Ben Maimón 250
Bodegón 251
En Sevilla hay 252
La lluvia y las retamas 253
Las casas son blancas, 254
Vertientes amarillas 255
Amplia fiesta brava, 256

CONTAR A ROMÃ 257

Práticas vermelhas 259
Exposições 273
O palácio da fronteira (ou Golpes de vista) 289
Nasce Polifemo 312
Sobre azeitonas e amêndoas... 313
Fênis rosa refator 314
Bodegón 315
Aquarela 316
Occhiobello 320
Mar de Espanha, Minas 321
Glosas das flores mineralizadas 322
Álef 324
De todos os escravos, o califa 325

Antônio Francisco Lisboa 326
Rain forest 327
Depósito de tijolos 328
Kafka lido por Charlie 329
Os pontos nunca desatam 330
Ângulos em giz sobre o vidro 331
Comer a romã 332
O gesto quando pronto não será 334
Borboleta na parede, 335
Dizer 336
A prática vermelha das romãs 337

ÓBVIO 339

Óbvio 341
Shukudai 1 399
Shukudai 2 401
As aproximações 406
Método 417
Shukudai 3 419
Maestria 423
Movimentos 427

AT 431

Uniqueness 433
Dissertation (from ghezer) 437
Dry rust 439
Arghvan 444
Ice 454
Nothing 459
At 468

ABROLHOS 477

Matéria ativa 1 479
Matéria ativa 2 482
Medida 489

O porquê da bromélia 492
Do vaso cor de terra salta estático 493
Descrever a chuva 494
A mesa e aquela árvore, recortes 495
Um copo d'água quando já bebido 496
Temperamentais 498
Agricultor Raduan 500
Escher conhecia a matemática 501
Neve em Toronto 502
O arquiteto transforma-se em pedreiro 503
Isso cobra o seu estado 504
As páginas discretamente 505
Fechado o dicionário 506
Chovesse, ao depois recompondo 507
O áspide desenrola 508
Mesa de mármore rosa, por Bonnard 509
Onde o amarelo propaga 510
Conseqüentemente 511
Demonstração 526
Aspectos da maçã 527
O inseto não é um cravo, 528
A lua e a chuva têm em comum 529
Antes mesmo que a porta se feche por alguma vontade 530
Hipótese, não da alcachofra 531
O movimento 535
Kelipot batsal 536
Arestas três 557
Vago gesto 558
F. modulações 562
Abrolhos 569
Da ostra 571

Este livro foi composto na tipologia Minion, em
corpo 11/15, e impresso em papel off-white 80g/m²
no Sistema Cameron da Divisão Gráfica
da Distribuidora Record.

Seja um Leitor Preferencial Record
e receba informações sobre nossos lançamentos.
Escreva para
RP Record
Caixa Postal 23.052
Rio de Janeiro, RJ – CEP 20922-970
dando seu nome e endereço
e tenha acesso a nossas ofertas especiais.

Válido somente no Brasil.

Ou visite a nossa *home page*:
http://www.record.com.br